處世的哲學課

他人與社會的思考

梁光耀　著

商務印書館

處世的哲學課 —— 他人與社會的思考

作　　者：梁光耀

責任編輯：蔡柷音

封面設計：涂　慧

內文插畫：梁光耀

出　　版：商務印書館 (香港) 有限公司
　　　　　香港筲箕灣耀興道 3 號東滙廣場 8 樓
　　　　　http://www.commercialpress.com.hk

發　　行：香港聯合書刊物流有限公司
　　　　　香港新界大埔汀麗路 36 號中華商務印刷大廈 3 字樓

印　　刷：盈豐國際印刷有限公司
　　　　　香港柴灣康民街 2 號康民工業中心 14 樓

版　　次：2020 年 7 月第 1 版第 2 次印刷
　　　　　© 2018 商務印書館 (香港) 有限公司
　　　　　ISBN 978 962 07 5794 5
　　　　　Printed in Hong Kong

目　錄

前　言

本書跟前作《成長的哲學課——自我與人生的思考》一樣，共十二篇。前作重點在探討自我和終極的問題。本書同樣分為三組，嫉妒、自卑、憤怒和勇氣一組；家庭、友誼、愛情和幸福一組；學校、工作、金錢和正義一組。第一組跟自我有關，第二組主要涉及人與人之間的情感，第三組則屬於社會性方面，三組也好像有着層遞的關係，由自我、人際到社會，範圍逐漸擴大。但其實這一冊的重點在於人際關係，即使是嫉妒、自卑和憤怒等情緒，也跟他人有密切關係，如果沒有與人比較的話，也不會有自卑和嫉妒的情緒出現。

每一組都有一篇作為歸結，第一組是勇氣，克服嫉妒、自卑和憤怒等負面情緒，正需要勇氣；第二組是幸福，我認為幸福的要素就是情感得到滿足，特別是親情、友情和愛情等情感；第三組是正義，正義是社會的首要德性，存在於學校、職場和經濟活動。而勇氣、幸福、正義三者的關係也可以這樣理解，幸福是每個人天生就會追求的目標，要得到幸福，在個人層面，我們最需要的是勇氣，有勇氣才能克服困難；在社會層面，我們最需要的則是正義，只有在公正的社會，才可公平合理地追求各自的目標。

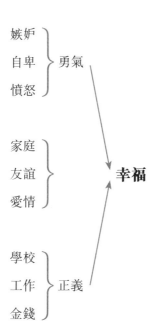

梁光耀
書於香港
2017 年 12 月 24 日

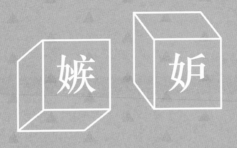

嫉妒

嫉妒的唯一好處，就是讓我們
知道甚麼才是理想的我。

家裏有四兄弟姊妹，小時候父母難免對我們有不同的對待，例如大的要幫手做家務，小的反而過年有新衣服，這樣就常會招來「偏心」或「不公平」的怨言，而父母則報以「別小氣」、「大方一點」或「做大要讓細」的評語。父母還認為，我之所以「心胸狹窄」，是由於兩條眉毛生得太接近，於是強行將我眉心的眉毛拔掉。

根據《聖經》的記載，人類第一宗兇案就是因嫉妒而起，這也是一齣倫理悲劇。話說阿當和夏娃被上帝逐出伊甸園後，生了該隱和亞伯兩兄弟，但上帝似乎對弟弟有些偏心，只接受了亞伯的獻祭，卻拒絕了兄長該隱的獻祭，該隱難以忍受，於是殺了亞伯。中學時讀這故事覺得有點無聊，動不動就殺人，現在才明白，該隱之所以難以忍受，是由於嫉妒之心作祟。

不錯，最早的嫉妒就是出現於家庭之中，為了得到父母的關注，或父母有「不公平」的對待時，兄弟姊妹之間常有「呷醋」之事發生。不過，我認為這完全是正常的，它讓我們學會處理人際關係，盡快擺脫自我中心的問題，反而現在多了少子化家庭，對小孩子的成長未必是好事。原來小孩子的嫉妒很早就已經出現，我很驚訝還是歲半的小女兒已有這方面的表現，有一次我們跟另一個家庭去日本旅行，由於對方負責駕車，而且他們有一對比我女兒大半歲的孖女，於是太太有時會幫忙照顧，而每次太太這樣做的時候，小女兒都會大吼，就像是投訴一樣，還會趁對方的家長不察覺時，快速地走去打這兩姊妹，很明顯這是報復。我也來不及阻止，只能眼睜睜地看着，其伺機而行，動作之快，簡直令人嘆為觀止！

兩種嫉妒

我將嫉妒分為兩種，一種是涉及親密的人際關係，例如以上存在於兄弟姊妹之間的嫉妒，又或是兩性關係上的爭風呷醋；另一種則涉及成就上的競爭，例如在學業或事業上嫉妒比我們優勝的人。當然，這兩種嫉妒並非排斥的，朋友之間就經常出現這兩種嫉妒，例如三個朋友一同去旅行，如果其中兩個比較投契，剩下的一個就會有被忽略的感覺，若由此產生怨言，就是第一種嫉妒；而在工作上跟朋友競爭的話，失敗的一方也很有可能產生第二種嫉妒。

我們也可以在莎士比亞的四大悲劇之一《奧賽羅》（*Othello*）找到這兩種嫉妒，這正是一個由嫉妒引起的悲劇，故事發生在十六世紀時的威尼斯，當時威尼斯正面臨土耳其艦隊的攻擊，威尼斯共和國派出奧賽羅迎戰，因為只有他才能擊退奧圖曼帝國的入侵，伊阿古是奧賽羅的部下，由於不獲提升而懷恨在心，並進行報復，他施詭計令奧賽羅相信妻子跟得到提升的凱西奧有染，煽動其嫉妒之心，結果奧賽羅把妻子殺掉，鑄成大錯。正如奧賽羅在劇終所說，他並非一個易妒之人，但愛情卻是容不下第三者，也最容易引發人的嫉妒之心，這屬於前面所講的第一種嫉妒。而伊阿古則是一個嫉妒心極強的人，根本就是嫉妒的化身，他不但嫉妒凱西奧獲得提升，也嫉妒奧賽羅的成就，於是設計陷害他們，這就是以上所講的第二種嫉妒。

存在於親密人際關係中的嫉妒跟愛有關，無論是子女需求父母的愛，還是男女之間的愛，愛與妒的關係十分微妙，正是因為害怕失去愛，才會有嫉妒的表現。但我認為這種嫉妒有一定的合理性，試想想丈夫跟別的女子談笑風生，即使沒有任何越軌的行為，做妻子的也一定不好受，因為有不被尊重的感覺，甚至是一種威脅，擔心會失去丈夫的愛。這也是一種本能性的嫉妒，生物的本能就是為了繁衍下一代，男方為了確保女方懷的是自己的血脈，所以要打退第三者；而女方亦要依靠男方負起養育的責任，也容不下第三者。從這個角度看，嫉妒有着保衛家庭的功能，家庭之所以重要，就是因為（一般來說）孩子在家庭成長才能得到最好的照顧，就像我小女兒的嫉妒一樣，她要擊退外來的「入侵者」，保護自己的利益。

雖然說這種跟愛有關的嫉妒有一定的合理性，但若過了「火位」，也是有問題的。例如妻子經常要丈夫報告行蹤，又不容許丈夫跟異性交談，若找不到丈夫就立刻起疑心，這些「奪愛」的行為正是嫉妒心的表現，也反映出嫉妒者是佔有慾極強的人，但同時又缺乏安全感。從這個角度看，愛的反面並不是恨，而是嫉妒，因為嫉妒就是奪愛，施愛才是愛。我本人有一個實際的經驗，記得在中大做助教的時候，有一位女學生打電話給我請教問題時，我聽到她的男朋友在旁邊不斷擾攘，我感受到強烈的醋意由電話傳過來。也許有人認為這不是真正的愛，但何謂真愛呢？那就不得不訴諸愛的代言人，耶穌的權威性定義：「愛是恆久忍耐，又有恩慈；愛是不嫉妒，愛是不自誇，不張狂；不作害羞的事，不求自己的益處，不輕易發怒，不計算人的惡。」既然愛排斥嫉妒，所

以，有嫉妒成分的愛就不是真愛；但是，耶穌所講的不過是最理想的愛，我反而認為在愛情之中，嫉妒是必要的惡，正如奧古斯丁（Augustine）所說：「不感到嫉妒的人並沒有墮入愛河。」不存在任何嫉妒的愛情可能已經不再是愛情了，當奧賽羅誤以為妻子對他不忠時，嫉妒也是人之常情。即使妻子對丈夫不忠是事實，但據此做出傷害他人的行為也是不對的，我們應該學習控制自己的憤怒。奧賽羅的真正問題不是嫉妒，而是輕信，不作求證，以及不能控制自己的憤怒，這些性格缺點才是導致悲劇的原因。當然，如果能做到寬容就最好，但要原諒對自己不忠的伴侶，的確不容易。

至於第二種嫉妒，那是無關於愛的，我們也不會用「呷醋」來形容，我認為這種嫉妒是社會性的，是經由後天學習而成，主要是競爭的產物。正如前面所講，第一種嫉妒是天生的，一歲多的小孩也會因爭奪母親的愛而有嫉妒的表現，但我們卻找不到嫉妒心很重的小孩，嫉妒的性格是後天慢慢形成的，競爭正是其助長力。嫉妒他人就是因為對方得到我想要的東西，很明顯，如果我不很喜歡跑車的話，我就不會嫉妒一個擁有跑車的人。正由於對方擁有，對照出我有所欠缺，才會令自己有一種不如人的感覺，由此而產生痛苦。

嫉妒之害

嫉妒的不理性在於，我們寧可自己沒有所得，也要確保對方有所缺失。牛津大學曾經做過一個實驗，測試我們對成功者的憎恨，就是測試者可以花費自己的金錢，來減低他人的富裕程度，實驗結果印證了人的嫉妒心相當嚴重。難怪有人認為，共產主義背後有着嫉妒的心理根源，十九世紀的丹麥哲學家齊克果（Søren Kierkegaard）早就指出，以平等為社會追求的目標，只會令嫉妒變本加厲；嫉妒會躲在平等後面，以平等之名讓嫉妒之心不斷壯大。除了追求平等之外，共產主義所講的階段鬥爭也跟嫉妒十分合拍，因為嫉妒者特別喜歡鬥爭，一來可以洩恨，二來即使兩敗俱傷也在所不惜。

西方哲學家很早就討論嫉妒，蘇格拉底（Socrates）認為，嫉妒的人是愚蠢的，因為嫉妒只會令自己痛苦，更會破壞朋友之間的友誼。的確，我們很少會嫉妒陌生人，但往往不能接受朋友的成功。電影《作死不離三兄弟》（3 Idiots）有一句對白：「若朋友失敗，我們會難過；但若自己失敗，朋友成功，我們會更加難過。」也有人形容嫉妒就像一團火，燒不到他人，卻會燒傷自己，被我們嫉妒的人不會單單因為嫉妒而有任何傷害，但我們自己卻被嫉妒弄得痛苦不堪。康德（Immanuel Kant）則認為，理性的人不會嫉妒，因為嫉妒是自我否定的，它只讓我們看到自己的優點被他人的成功所掩蓋。不過，對嫉妒持最負面的看法還是基督教的思想，十三世紀的神學家多瑪斯‧阿奎納（Thomas Aquinas）首先提出了人性的七種惡，又稱為七宗罪，嫉妒就是其

中之一，後來每一種惡都用一隻魔鬼為代表，代表嫉妒的魔鬼是利維坦（Leviathan），利維坦是《舊約聖經》所講的海中巨獸，像一條大蛇，所以蛇也成為了嫉妒的象徵。根據但丁的《神曲》(*The Divine Comedy*)，在地獄裏，嫉妒之人的眼睛會被鐵線縫起來，這就是他們應得的懲罰。

七宗罪

七宗罪可以分成兩類，一類是本能性的，跟身體有關；另一類是精神性的，跟思想有關。在七宗罪中，嫉妒跟其餘的相通，在貪婪、淫慾、貪吃中，可以找到嫉妒這個源頭，而嫉妒也隱藏着憤怒，驕傲之人遭遇挫敗也容易產生嫉妒。

淫慾	身
憤怒	體
貪吃	性
驕傲	精
貪婪	神
懶惰	性
嫉妒	

嫉妒絕對是一種傷害性的情感，一方面它包含恨意，另一方面是它的隱蔽性，當事人也未必察覺，如果讓嫉妒心不斷滋長的話，也有可能造出傷害他人的事。在《誰調換了我的父親》這部電影中，為甚麼護士要調換了主角的嬰兒呢？因為她嫉妒主角有一個幸福的家庭，自己卻失去了愛，於是要令別人跟自己一樣痛苦。正如前面所言，朋友之間最容易出現嫉妒，因為朋友是志同道合，有共同的追求，但如果一方的成就比另一方高，後者很有可能產生嫉妒。我有一位繪畫老師，在藝術圈內上享有很高的聲

譽（當然，這是實至名歸的），而那些跟他同期出道的朋友，則難免會嫉妒他的成就，當然少不免背後說他壞話。嫉妒也常出現於同行的競爭，《莫札特傳》（Amadeus）這部電影正講述作曲家薩列里因嫉妒莫札特的才華，設計將他害死。集體性的嫉妒為害更大，就以二次世界大戰時納粹黨殺害了約六百萬猶太人為例，表面上是要維護德國人種族的純粹性和優越性（猶太人被視為低等的民族），但骨子裏其實是嫉妒猶太人。在德國，猶太人的人數還不到十分之一，但已佔據了一半以上的高職位如醫生和律師，很多知識份子都是猶太人，猶太人所取得的巨大成就遠高於他們的人數比例。嫉妒不但存在於種族之間，也可存在於國與國之間，並由此引發戰爭，例如 1990 年伊拉克入侵科威特，某程度上就是伊拉克嫉妒科威特的經濟繁榮。嫉妒之恨一旦釋放出來，並付諸行動，後果是相當可怕的。

嫉 妒 的 原 因 與 結 果

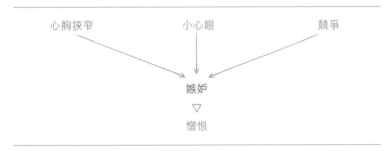

競爭本身沒有問題，正所謂「有競爭才有進步」，對個人和社會都有好處，所以對治嫉妒的方法應從個人層面入手，培養寬容的德性，改善心胸狹窄和「紅眼症」等毛病。西方文化有基督教所講的愛，體會上帝的大愛，由此發展寬容的品德；而中國文化則有道家的寬裕思想，從整體的觀點來審視事情，能擴闊胸襟，消解個人的狹隘心理。

有些行業容易出現嫉妒，有些則比較少。根據我的觀察，藝術界和學術界都是容易產生嫉妒的行業，正所謂「文人相輕」，記得在大學讀藝術系的時候，上 A 老師的課，A 老師就會批評 B 老師的畫，到上 B 老師的課，B 老師亦會毫無不留情地評論 A 老師的作品。藝術界之所以充滿嫉妒，我想主要原因有兩個，一個是藝術家的情感太過豐富，容易因他人的成就而感到精神上的痛苦，我那位繪畫老師就經常告誡我，不要隨便批評藝術家的作品，批評藝術家是一種罪過，因為感性重的人特別容易受到傷害。藝術界充滿嫉妒的另一個原因是，藝術界跟別的界別很不同，並不存在客觀的評價標準，藝術評論其實是很「虛」的，於是藝術家見到同行名成利就時，就容易產生不忿，出言批評，或惡意詆毀別人的作品。別以為藝術家都輕視名利，藝術家也不過是常人，有些甚至比普通人更重視名利和權位。

相反，體育界就是一個最少嫉妒的領域，因為運動員着重體能和意志的鍛鍊，思想比較單純，少了藝術家的精神負擔；另外，誰跑得快、誰跳得高、那隊有較多的入球，全部都有客觀的衡量標準，勝負一目了然，誰也不可以抵賴。不幸的是，我處於充滿嫉

妒的藝術圈和學術界，但我有一個方法消除對方的敵意，就是稱讚對方的作品，令他有被尊重的感覺；不過，很多時我都沒有這樣做，因為我更喜歡享受他人嫉妒所帶來的快感。

哪些人最容易產生嫉妒呢？尼采（Friedrich Wilhelm Nietzsche）認為是弱者，特別是精神上的弱者，軟弱之人的報復心也特別強。尼采相信，法國大革命之後的一連串革命，就是由嫉妒所引起，是精神上的弱者嫉妒精神上的強者。尼采也認為，基督教是一個嫉妒的宗教，因為它是由精神上的弱者所組成，用道德來壓制精神上的強者。要注意的是，尼采是用精神性的強弱來區分強者和弱者，一個在上位的人也可以是精神上的弱者，加上身為上位者，自尊心難免過高，那就很難容忍屬下的能力比自己強。事實上，不少上司都會嫉妒有能力的下屬，即使貴為帝王也不例外，特別是那些職業皇帝，生於深宮之中，在充滿嫉妒的環境中成長，也最容易滋長嫉妒之心。

嫉妒 vs 妒羨

嫉妒的英文是 envy，另一個意義相近的字是 jealous，中文的翻譯是妒羨，妒羨有比較正面的成分。

嫉妒	帶有恨意，通常針對特定的人
妒羨	對象可以是好的東西，例如尊嚴、榮譽、公正等

那麼，男人和女人，誰又較容易嫉妒呢？很多人以為女人較為嫉妒，不是嗎？「嫉妒」這兩個字都是從「女」字邊，跟女性有關，「嫉」還跟「疾」相通，連孔子也說：「唯女子與小人難養也，近之則不孫，遠之則怨。」的確，有不少怨恨是來自嫉妒。然而，女性的嫉妒很大程度是源於社會的不平等，古代女性沒有機會讀書，大部分又缺乏謀生的能力，不得不依靠男性，加上三妻四妾，所以容易爭風吃醋，滋長嫉妒之心。但不要看輕女性的嫉妒，當嫉妒之心所累積的怨恨爆發出來，可以做出十分殘忍之事，例如漢初呂后在劉邦死後，就立刻對付劉邦的寵妃戚夫人，手法極之殘忍，將她的手腳斬斷，連眼睛和耳朵也毀掉，成為「甕人」，放在廁所之內，被漢惠帝看見，還差點嚇傻了他。由此可見，建立一個公正的社會，消除性別和種族的不平等，讓大家都有平等機會爭取社會利益，是有助消除源於不平等的嫉妒。

不過，以為女人較容易嫉妒只是一種錯覺，男女嫉妒的對象其實有明顯的分別，女性較容易在容貌和家庭方面嫉妒對方，叔本華（Arthur Schopenhauer）就認為漂亮的女性是沒有真正的同性朋友，男性則通常在成就和工作方面嫉妒對方，嫉妒一般只出現於同性之間，比較少有男性嫉妒女性，或女性嫉妒男性。

嫉妒對象 = 理想的我

正如前面所講，我們之所以嫉妒對方，就是因為對方得到我們所要的東西；換言之，對方其實就是某方面理想的我，而一個甚麼都嫉妒的人，肯定也是一個貪心之輩。所以，從我們嫉妒的對象可以察覺到甚麼是我們真正關心的東西，這才是我們應該努力追求的目標。不過，首先我們要衡量自己有沒有能力成為我們所嫉妒的對象，如果我連一點繪畫天分都沒有，就不要嫉妒有傑出成就的畫家；但若發現自己頗具潛質的話，那就要嘗試向你嫉妒的對象學習，了解一下他為甚麼會成功，切勿說對方的壞話，如「只不過運氣好」、「拍馬屁」、「會使手段」等等，當然不能否定會有這些情況存在，但一味這樣想只會阻礙我們向對方學習，對方的優點可能正正是自己所缺乏的。不過，說易行難，因為嫉妒不單是一種負面的情緒，也是一種複雜的情緒，包含了被忽略、不被尊重、不如人、有點恨意，有時又會夾雜着內疚，這種酸溜溜的感覺絕不好受。我們很想盡快擺脫這種狀態，嫉妒的一個通常反應就是否定我們所渴求的事物，即所謂「吃不到的葡萄是酸的」，這其實是人類心理的自衛機制。短期如此無可厚非，但長期下去就會對自己大大不利，我們要將嫉妒的能量轉向建設性方面，這樣不但有助於邁向成功，更可提升自己的情操。

叔本華認為善妒之人終日在意別人做甚麼，一發現自己不如人，就會萬分痛苦，所以消除嫉妒的一個方法正是少注意別人，多留意自己，若跟別人比較的話，永遠會有人比你優勝，但若跟自己比較的話，多多少少會發現自己比以前有進步，這樣就可將負面

的情緒轉化為肯定自己的力量。所以有人認為，消除嫉妒的一個方法就是不作比較，正所謂「人比人，比死人」；但如果不作比較，又怎樣了解他人比自己優勝的地方呢？所以我認為，對於自己真正渴求的東西，比較還是需要的，而比較的重點不在於對方的實際成就，而是他賴以成功的原因，繼而反省自己的不足之處。「比上不足，比下有餘」是很多人自我安慰的方法，但這句話也可以這樣了解，「比上不足」是要激起我們上進之心，「比下有餘」則要我們別忘感恩之心。

嫉 妒 的 心 理 分 析

心理學家基連（Willard Gaylin）將人的嫉妒心理分為四個階段，雖然並不符合每一種嫉妒的情況，但也有一定程度的普遍性。

第一階段	欠缺	▷ 帶有恨意，通常針對特定的人
第二階段	比較	▷ 別人擁有自己想要的東西，於是不斷跟人比較
第三階段	無力	▷ 感到自己無力實現自己的目標，開始痛恨他人
第四階段	鬥爭	▷ 惡意攻擊嫉妒的對象

建立自尊

前面已討論過一些對治嫉妒的方法，比如說從客觀環境方面，建立公正的社會制度，消除源於不平等對待的嫉妒；在個人方面，視嫉妒的對象為成功的榜樣，將嫉妒之心轉化為提升自己的力量，當你擁有嫉妒對象的成就時，自然就不會嫉妒。當然，一

個事業有成的人比較少會嫉妒他人，因為自我感覺良好，但這種「自尊」是建基於外在的成就，一旦環境有變，風光不在，「自尊」就可能會瓦解。所以，我認為更徹底克服嫉妒的方法不在於外在的成就，而是建立相關的德性，例如前面提到的寬容，還有更重要的，就是自尊。

甚麼是自尊呢？就是真誠對待自己所產生的肯定力量，包括對自己的價值觀有清晰的了解；也可以說，察覺到自己的獨特性，在這個意義下講不要比較，就是不要比較一些無謂的東西，這樣才能客觀理性地看待別人的成功，找出自己的不足之處。相反，面對別人的成功，嫉妒之人愛說否定的話，貶低他人，以保衛自己的形象。從這個角度看，嫉妒有着自卑的根源，建立自尊不單能對治嫉妒，也是克服自卑的方法。

以上所講的是對治自己的嫉妒之心，但若遭人嫉妒的時候，又該怎麼辦呢？之前我也講過一個方法，就是稱讚對方的優點，令他覺得受尊重，不如人的感覺就會消失。但被人嫉妒也不是一件壞事，中國人有一句話叫做「不招人妒是庸才」，古希臘政治家地米斯托克利（Themistocles）也說過類似的話：「如果從未有人嫉妒你，這代表你一生未有甚麼輝煌的功業。」而更高層次的反應就是，遭人嫉妒之時，要表現出為人而活，作出貢獻，那對方就無話可說了；當然，不但是外表，內心也要這樣。

關鍵字再思考　　人際關係 / 競爭 / 憎恨 / 理想的我 / 比較 / 自尊
相關篇章　　　　自卑　　憤怒　　勇氣　　愛情

這幅畫的主題是該隱殺死亞伯，作者是十六世紀威尼斯學派的著名畫家丁托列托（Tintoretto），名為《該隱殺亞伯》（*The Murder of Abel*）。丁托列托一反威尼斯學派的華麗色彩，善於運用明暗的對比來製造戲劇性的效果，在這幅畫中，丁托列托就用了明暗來突顯該隱的罪行，該隱的背部處於陰影之中，而亞伯的背部則位於明亮之處。

《該隱殺亞伯》（1551-1552）

作者：丁托列托
原作物料：油彩
尺寸：149 × 196 cm
現存：威尼斯學院美術館

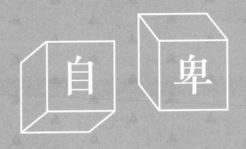

自卑

要自卑，當皇帝也會自卑；
不自卑，做乞兒也不會自卑。

小時候母親帶我去剪髮，總要求「飛髮佬」替我剪極短髮，俗稱「陸軍裝」，因為對她來說，既方便打理，又慳錢（因為要很久才需再剪髮）；但對我來說，每一次剪髮都是惡夢，因為覺得短髮的我十分難看，莫説是上學，簡直就不想見人，自我形象十分低落，這就是自卑。

除了以上剪短髮那種周期性的自卑外，小時候的我還有另一種自
卑，那就是覺得自己的名字太「老土」，甚麼「光宗耀祖」，感覺
十分封建和落伍。當然，現在我不會認為短髮難看，名字也只是
一個代號，沒有甚麼大不了，除非叫做「吳德建」之類，容易被
人取笑為「唔得掂」。由此可見，小時候較多主觀的感受，而且
太過重視他人對自己的評價，不能客觀地看待自己，有些年青人
甚至只是由於生暗瘡而自卑，難怪有人說成長就是由主觀走向
客觀。

雖然說年青人容易太過敏感和自我中心，但無可否認，有些東西
又確實存在高低或優劣之分，如樣貌、成績、能力、家境等等，
愛跟人比較的話，就容易產生自卑感。就以學歷為例，雖然是客
觀事實，但由於學歷低而感到低人一等則是價值判斷，並且是主
觀的價值判斷，所以從這個角度看，單憑改變自己的看法就可消
除自卑感。當然，事實上並不容易，況且即使在思想層面消除自
卑，在心理層面還是會存在自卑。

人人都有自卑感

自卑是一種很普遍的情緒，幾乎每個人都有自卑的時刻，因為只要跟人比較，就總有不如人的地方，若處理不當，自卑感就會加重，產生各種問題。很奇怪，好像沒有甚麼哲學家討論過自卑，反而心理學家較重視自卑，著名的個體心理學家阿德勒（Alfred Adler）說，每個人都帶着不同程度的自卑成長，因為每個人都會經歷幼兒階段，幼兒必須依賴成人，需要成年人的長期照顧才能存活，面對成人，特別是父母，幼兒會感到無力及弱勢，這就是幼兒的自卑。阿德勒認為，長大後很多古靈精怪的行為都是源於兒時的自卑，例如追求過度的優越感或權力、病態式的完美主義、帶有攻擊性的自我保護，甚至是戀母情意結。某程度上講，這些近乎病態的行為都是對自卑的補償。根據阿德勒所講，戀母情意結是精神官能症的一種，如果母親溺愛孩子，過於保護而不讓他接觸外界，這樣就會容易產生戀母情意結，患者要將自己局限於家庭才會感到安全，包括愛情的對象，所以他們不敢到家庭以外尋找愛情，對他們來說，最忠誠的對象就是自己的母親。至於病態的完美主義者，追求完美就是因為認定自己不夠完美，完美主義者十分注重細節，只要某些細節不妥當也會感到極度不安。我認識一個讀哲學的人，正是這樣的，他每做一件事都要訂下某些原則才會安樂，並且要求人跟隨他的原則，這樣當然無法與人合作，而過分注意細節也令他永遠完成不了想做的事。當然，是否所有完美主義者和戀母情意結患者都源於幼兒的自卑，我倒是有些懷疑；況且這些幼時的自卑我們可能早已忘記，或封存於潛意識裏，當事人也難以確認。

自卑感的不同表現

阿德勒指出，自卑感有着不同的表現，即使是安靜、穩重也可能是自卑感的
一種表現方式。

愛哭鬧的孩子　　　　沒有足夠的能力，以哭鬧來爭取所要的東西
愛吹噓的孩子　　　　無力照顧自己，以炫耀來平衡心理
膽小畏縮的孩子　　　不能解決問題，退回自我的安全堡壘
說話結巴的孩子　　　怕人不理睬自己，沒有自信

阿德勒指出，有三種兒童的自卑感會特別嚴重，第一是身體有缺憾的兒童，生理上已經明顯不如人，加上被人嘲笑和排擠的話，就會更加自卑；第二是被人嚴格管束的兒童，由於要求過高，兒童往往不能達標而產生自卑；第三是遭人冷落或忽視的兒童，孤兒就是一個極端的例子，被人拋棄的經歷可能會令他覺得自己毫無價值，產生自卑。

然而，自卑使人感到自己的不足，那就有了改善的空間，也有可能將自卑轉化為成功的力量，有不少人就是克服身體的缺憾而取得驚人的成就，阿德勒本身正是一個超越自卑的好例子。阿德勒雖然出生於中產的猶太家庭，但自少患上佝僂病，比同年齡的兒童又矮又瘦，五歲時更染上肺炎險些送命，讀書時也不受老師歡迎，自卑和挫折可謂伴隨着他的童年，但他通過努力，最終成為醫生，也取得了巨大的成就。從阿德勒的例子可以看到，雖然過去的經歷會對我們將來有影響，但不能決定我們的將來，面對相同的遭遇，有人積極面對，有人消極逃避，分別就在於對處境有不同的詮釋。例如自少身患殘疾，飽受痛苦和歧視，有人會盡力改善自己的處境，並立志長大後要幫助殘疾之人；但亦有人躲進

自我的世界，變得自我中心，而且心想既然上天對我那麼殘忍，為甚麼還要幫助他人呢？

阿 德 勒 vs 佛 洛 依 德

阿德勒和佛洛依德（Sigmund Freud）是同代人，也是同行，都是研究人性的心理學家，而且大家都是奧地利的猶太人，阿德勒亦曾加入佛洛依德主持的「維也納精神分析學會」，後因思想不合而離開。

佛洛依德	決定論式的心理學	過去的心理創傷（原因）決定了現在的行為（結果），例如年幼時受到虐待而產生驚恐症，終日躲在家裏
阿德勒	目的論式的心理學	是現在的目的導致現有的行為，例如驚恐症是因為不想走出去，於是製造恐懼不安的情緒

雖然阿德勒講的是心理學，但某程度也可以視之為哲學，畢竟心理學是由哲學分出來的，而探討人性和心理本來也是哲學的工作，並且是十分重要的工作。阿德勒強調的正是人的自主性和努力，雖然過去的經驗會影響我們，但不能決定自我，他主張我們應該善於運用過去的經驗，賦予積極的意義。

執筆至此，我想起了《變種異煞》（*Gattaca*）這部電影，故事說在未來的世界，透過基因改造生產出來的人，智能和體能都十分優秀。主角 Vincent 是一個自然生產出來的人，沒有經過基因改造，小時候父母帶他去做基因測試，結果是注意力不集中，患上心臟病的機率又很高，預期壽命只有 30 歲，這無疑宣判了他將來的命運。Vincent 自少的夢想是當航天員，雖然十分努力去克服先天缺憾，但社會卻存在「基因歧視」，他只能夠當清潔工人。

有一次機會來了，Vincent 遇上了一個因意外而半身不遂、卻擁有優良基因的人，這個人將身分賣給 Vincent，提供基因測試的樣本，條件是要 Vincent 供養他。憑着這個身分和自身的努力，Vincent 成功進入了航天公司當航天員，正當他要去土星執行任務之前，航天公司發生了命案，前來調查的警察竟然是 Vincent 的弟弟，他是透過基因改造生產出來，在智能和體能上都比 Vincent 好。小時候有一次兩兄弟比賽游泳，結果竟然是弟弟輸了，還被 Vincent 救回一命，自此之後，Vincent 相信憑着意志和努力就可克服困難，相反弟弟一直耿耿於懷，優越感令他不能接受這樣的失敗，還想趁這個調查機會報復。由此可見，故事中述說基因只能決定一個人的樣貌、健康、智能和體能，卻不能決定一個人的意志力。基因改造可以剔除一個人生理上的缺憾，卻無法消除人格上的缺憾，如自私、自大，缺乏同情心等。況且，一個人的健康、智能和體能也有後天努力的成分，不完全是先天的決定，Vincent 正是憑着後天的努力，克服了先天的缺憾。

自卑的多面性

雖然說不要跟他人比較，但其實我們要通過他人才能了解自己，給自己定位，而比較帶來自卑也很自然。但自卑感若處理不當，嚴重的會導致自卑情意結。自卑感不同於自卑情意結，有自卑感是正常的，但自卑情意結卻是嚴重問題，就以學歷低為例，由此

感到不如人，這是自卑，但若認為由於學歷低，所以永遠無法成功，則是自卑情意結，學歷低變成了一個不努力上進的藉口。相反，若自己有高學歷的話，就會覺得自己一定會成功，這樣就由自卑感走向優越感，可是這種優越感只是對自卑心理的補償，卻對改善自己的處境毫無幫助。

自卑感過重也會令人變得封閉，更嚴重的是自我否定，只是一點不如人，整個人都變得沒有價值。由於不能積極解決問題，個人會變得畏縮，而最徹底的畏縮就是自殺，有些人還將自殺看成是一種控訴。對外的話，自卑也可能會引發嫉妒和憤怒，變成攻擊型的性格；因為自卑多是源於跟人比較，所以容易產生嫉妒，眼紅他人的成就，這樣就會惡意抨擊他人，甚至借機發怒。自卑有時也會令人變得自大，因為通過踐踏他人，藉此抬高自己，平衡了自卑的心理，看來自閉和自大不過是自卑的一體兩面。但無論是自閉或自大，都會導致人際關係的問題，難以與人相處。

人的內心既有光明面，亦有陰暗面，但自卑就像一個引子，帶出了我們陰暗的一面，為了逃離自卑的痛苦，有人選擇退縮，不敢與人交往；有人甚至逃避現實，染上飲酒或吸毒的惡習；有人會變得脾氣暴躁，對社會和他人充滿敵意，文爭（肆意抨擊）武鬥（動不動就打架），從這個角度看，自卑似乎是萬惡之源。既然自卑感和嫉妒心都源於跟人比較，如果人人都大致相同，那自然就沒有自卑和嫉妒，但這樣的社會真的好嗎？那肯定是一個沒趣的社會，也難有進步可言；正因為有差異，大家才會互相激勵，力求上進，也許這就是上帝創造這個世界的原因，一方面讓我們感

受進步的喜悦，另一方面令這個世界多些姿彩。

但正如前面所言，自卑也可以有正面的意義，就是覺得不如人，於是努力改進，超越自己，將自卑轉化為成功的力量。這是用實際的方法改變自己，而那些不想腳踏實地改變自己的人，只會尋求自我安慰，例如自吹自擂，就像吃不得葡萄的狐狸一樣，不惜扭曲現實，將葡萄説成是酸的，這樣不但沒法改善自己的處境，也不能真正消除自卑。認識產生自卑的東西是可以改變，還是不可以改變，這一點很重要。雖然一定程度上，儀容可以改善，如衣着整齊清潔；但樣貌醜陋的人無論如何也不可以變得漂亮，除非整容，我想起了《鐘樓駝俠》(The Hunchback of Notre Dame) 的主角，就是由於外表醜陋而自卑，而不敢去愛。那些可以改變的東西，我們就有努力的餘地，例如能力和成績都可以通過學習和努力得以提升。

當然，很多人都會自卑，但未至於嚴重到傷害自己和他人的地步，不過，容易被人忽略的就是，自卑會令人變得自我中心。自我中心是與人交往和合作的主要障礙，根據李天命先生的説法，自我中心的問題主要有四方面：1. 自以為是，凡事只從自己的觀點看事物，並且認為只有自己的觀點是正確的；2. 自私自利，只關心個人利益，更不惜傷害他人的利益；3. 自尊過度，十分介意別人的批評，往往有過敏的反應；4. 自戀自憐，遇到挫折就退回自我的堡壘，沉溺在自憐的快感之中。從這個角度看，自卑是一個自我處理失當的問題。

年青人的自卑

上面提到自卑會令人產生自戀自憐，這其實也是一種心理補償，年青人比較多這種情況。年青人處於成長階段，社會化尚未完成，一方面自我未曾確立，對自己的認識也不夠客觀；另一方面又要承受羣體的壓力，十分介意別人的批評，而且年青人比較感性，很容易就觸動自卑的情緒。

對年青人來說，如何疏導自卑情緒是一個很大的問題。有些人通過努力讀書來確立自己的價值，這也滿足了家庭和學校的要求，但這並不是正確的學習動機，而且容易導致競爭的心態。有些人則從同輩中尋求認同，亦有人走進自我的內心世界，嘗試從內尋找自我。雖然內心可以是一個豐富的領域，但對年青人來說，那是不容易開拓的，有相當知識和閱歷的人才能有所發現，貿然走進內心世界很有可能令人變得封閉，對世情漠不關心，也因此而

缺乏謀生和發展的能力，那些不出外工作、躲在家裏十幾年的宅男就是這樣的青年人。很奇怪，這方面的問題以男性居多，也許是我們的文化太強調男性要獨立和堅強，反而女性會找人傾訴，少了這方面的問題。當然，宅男不是真正的獨立和堅強。有些年青人既走進內心世界，亦同時關心社會，不過，多數會變得憤世嫉俗。至於那些向同輩和社會潮流尋求認同的年青人，弄不好的話會產生朋黨問題，而且多以追求物質和名牌來滿足虛榮心，虛榮亦是自卑心理的補償。

認識自我是消除自卑的第一步，青年人的情緒比較複雜，自卑、害羞、羞愧、內疚和丟臉往往混雜在一起，所以應先幫他們澄清紛亂的情緒，然後就是認識自己，對自己的長處和短處有客觀的了解，此所謂「自知者明」。年青人比較在意自己的樣貌，但老實說，除了你自己之外，有誰會特別注意你的外表呢？就好像我小學時因短髮和名字而自卑，根本是多餘的。

紛擾混雜的情緒

自卑最容易跟內疚混亂，因為容易由做事不夠好，變成了認為自己不夠好，而羞愧和內疚又往往有重疊的地方。

自卑	自己不夠好
害羞	怕跟人接觸和溝通
羞愧	做了不當之事
內疚	做事不夠好
丟臉	被人指責，面子受損

克服自卑

前面提到好像沒有哲學家談論自卑，這不是很奇怪嗎？恐懼、憤怒和嫉妒都有很多哲學家談論，為甚麼偏偏自卑這麼少呢？似乎只有李天命先生明確地談論過自卑，是哲學家不當自卑是一回事，還是他們怕談論自卑，或是身為哲學家竟然都會自卑是不是很可笑呢？談論自身的自卑，等於暴露自己的弱點，這也許是哲學家不願談論自卑的原因。的確，自卑是難於啟齒的，特別是男性，受到性別角色的限制，若向人傾訴的話，往往被視為弱者，甚至遭到嘲笑，那可能會變得更加自卑。

要克服自卑，就要先判定自己是哪一種自卑。有很多種自卑感是跟社會的既定標準有關，例如女性因為不夠纖瘦而自卑，但纖瘦不過是社會既定的標準，當然，纖瘦可能會受人歡迎，肥胖可能會遭到排擠，由此可見，這種自卑的心理根源是渴求被人認同。明白到這一點，即使不夠纖瘦，也可以在其他方面得到他人的認同，例如待人和工作。如果真的因為不夠纖瘦而自卑，努力追求纖瘦也不是一件壞事。很奇怪，我們會因樣貌、學歷、事業、能力等的不如人而自卑，但似乎沒有人會因為品德差而自卑。也許真相就是，好品德只會令人羨慕，而不會使人自卑或嫉妒。

男 女 的 自 卑 之 別

既然自卑跟社會的既定標準有關，社會對男女性別角色有不同的要求，也形
成了男女自卑的差異。

女性的自卑	例如樣貌不好、不能成為母親	反映出男性主導，
男性的自卑	例如失敗、軟弱、追求不到異性	男主外，女主內的 社會規範

對於能力和成就方面的自卑，可以做的就是努力學習和工作，追
求卓越，克服自己的弱點來消除自卑。要注意的是，重點是放在
跟自己比較，而不是跟他人比較，因為無論你的能力多高，成就
多大，總會有比你優勝的人，正所謂「一山還有一山高」，這樣
無論你多努力，還是會感到自卑。所謂不要比較是針對成就或後
果方面，愛比較的人其實多是愛面子的，人有甚麼，自己也要甚
麼，甚至要比人更多或更好，那就是優越感，也是自卑心理的補
償。只要不斷自我精進，就能慢慢增強自信。

但自卑感重的人，即使成功，也不一定能消除當初的自卑感，我
認識一個人，在社會上取得很大的成就，但對自己學歷低仍耿耿
於懷，總覺得別人看不起他。也許在他年青的時候，就是因為學
歷不高而被人歧視或冷落，所以在學歷高的人面前亦存有自卑。
還有一種自卑值得一談，就是因為過去的失敗而產生自卑，這是
一種植根很深的不安全感，會導致很多不必要的擔憂和恐懼。即
使取得相當的成就，原來的自卑也未必能夠消除，因為當事人對
過往的失敗仍十分在意。

不同階段的自卑

幼兒	需要別人照顧，欠缺能力和處於弱勢，自卑雖然埋藏於潛意識，但會對將來的人格和行動產生影響
兒童	身體有缺憾、被人忽略，或是被管教太嚴的兒童容易產生自卑
青年	自我未完全建立，很介意他人的評價，主觀性強，容易產生自卑的形象
成年	多受過去失敗困擾而形成的自卑，也有部分人因收入和工作低微而自卑

針對以上兩種雖然取得成就，但仍未消除自卑的情況，幽默可能是一種解藥，那就是用自嘲來化解自卑。能夠嘲笑自己的弱點，基本上已能克服這方面的自卑，而且可以將過往失敗的經驗與人分享，讓他人有所得益，也算是對社會的一種貢獻。但若要徹底對治自卑，唯有在思想層面掌握自我的獨特性，即每一個人都是獨一無二的，那是最純粹的我，可以沒有任何經驗內容，比如回想小時候的你，無論在樣貌、能力、知識，甚至性格上，都有很大的轉變，但那還是同一個你。我們可以用李天命先生的「九一主義」加以說明，我雖然考了第九名，不是第一名，但考第一名的人，也不是我的第九名，由此帶出人的獨特性，即使上帝具有大能，也不可以成為「我」，每一個人都是他生命的主角，是主體，具有無可取代的地位。

如果有宗教信仰的話，也可以從根源上肯定自己的價值。例如基督教說人是按照上帝的形象所創造，並賦予不同的才能。如果信仰佛教的話，也不妨這樣思考，每一個人都是走在成佛的路上，只不過在無數次的輪迴轉生過程中，有些人走得前些，有些人走

得慢些。不過，從思想層面消除自卑，並不表示心理層面也一定沒有自卑，因為人很受外界環境的影響，當然，去除思想層面的自卑，有助於消除心理層面的自卑。

掌握自我的獨特性，就能接受這個經驗上不完美的自我，甘於卑微就能減少自卑的不良影響，並願意展示不完美的我，這就是示弱的勇氣，也正是老子的智慧。從這個角度看，就可發掘自卑的好處，自卑是有用的，因為它會產生向上的動力，輕微的自卑亦可令人謙虛一些。但要完全消除自卑似乎是不可能的，正如前面所說，自卑是源於與人比較，同時渴望他人的認同，這其實就是名心（即虛榮心，渴望留名於世），根據哲學家威廉·占姆士（William James）的說法，名心是人心最深層的渴求，比利益和權力還要根本；換言之，要完全消除名心根本是不可能的。最重要的還是成為一個獨立、有能力、可跟社會和諧共存的人。

關鍵字再思考　　自卑情意結 / 追求卓越 / 自我封閉 / 自吹自擂 / 尋求認同 / 自我獨特性
相關篇章　　嫉妒　　憤怒　　勇氣　　家庭

據說拿破崙（Napoléon Bonaparte）由於身材矮小而產生嚴重的自卑，於是以追求權力、發動戰爭，甚至稱帝來作心理補償。新古典主義畫家大衛（Jacques-Louis David）是拿破崙的御用畫師，他為拿破崙畫這幅肖像畫《拿破崙越過阿爾卑斯山》（*Napoleon Crossing the Alps*），就是要頌讚其攀越阿爾卑斯山的英姿，顯示出他是一個英明神武的領袖，以作政治宣傳，好讓他能夠順利稱帝。

《拿破崙越過阿爾卑斯山》(1801)

作者：大衛
原作物料：油彩
尺寸：271 × 232 cm
現存：凡爾賽博物館
註：此畫共有五幅，尺寸各異，以上尺寸為 1801 年的版本。

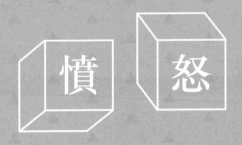

憤怒

與其不生氣，
不如學習怎樣表達憤怒。

小時候我們四兄弟姊妹最害怕的就是爸爸發怒，有時只是做錯一些小事，也會惹怒他，換來的不只是責罵，也有懲罰，輕則罰跪幾小時，重則被拖鞋、皮鞭、衣架或膠水喉管之類的東西狂抽。所以，當我們知道哪一天他要加班，很晚才回家，就會十分高興，還拍掌呢！

長大了出來工作之後才明白，其實爸爸是拿我們出氣，可能是因為工作壓力，或是在外受了委屈。的確，我們最容易遷怒的就是自己的家人，但無論如何，遷怒於人也是不對的，孔子的得意弟子顏回就能夠做到「不遷怒，不二過」，即是不遷怒他人，也不會重犯過錯，只是簡單的兩點，也不是要求你犧牲甚麼去幫人，一般人卻都很難做到，由此可見修養之難。現在爸爸已經退休了，年紀也大，沒有了昔日的暴躁。不過，我認識一些上了年紀的人，還十分暴怒，只要稍為給人待慢就會立刻「發火」，易怒已成為他們的性格。發怒不但會破壞人際關係，對自己也不好，因為憤怒是一種強烈的情緒，會給身心帶來不良的影響，正如托爾斯泰（Leo Tolstoy）所說：「憤怒對別人有害，但憤怒時受傷最深的還是自己。」

在各種情緒之中，以憤怒的力量最大，也是最難以控制的情緒。記得小時候有一套外國電視劇叫做《變形俠醫》（*The Incredible Hulk*），主角是一位醫生，故事說他一發怒就會變成綠色巨人，力大無窮，並大肆破壞。發怒的確有着本能性的一面，當你生氣時，杏仁核會刺激腎上腺，身體會感受到一股力量正要爆發，你會向惹怒你的人怒目直視，甚至出言攻擊，血液也會流到手上，隨時準備打架，從進化的角度看，憤怒亦有保護自己的價值。當你遇到有人插隊、隨地拋棄垃圾、在不准吸煙的地方吸煙時，難道你不會憤怒嗎？

憤怒的傷害性

憤怒跟嫉妒一樣，是基督教所講的七宗罪之一，有時嫉妒也可能是憤怒的原因，例如嫉妒他人的成就，有感於自己懷才不遇而憤怒。不過，嫉妒的對象是他人，而憤怒的對象卻可以是自己，例如感到自己的懦弱而憤怒，當然，大部分憤怒的對象都是他人。憤怒會引致衝突、吵架，甚至暴力，後果可能很嚴重。從佛教的角度看，憤怒可以歸入三毒之一的「瞋」，乃毒害心靈之物。佛教認為，憤怒的原因往往是一些執念，而憤怒則會令我們進入狂亂之中，懷恨地出言攻擊，還可能在行動上傷害對方，產生了意、口、身三方面的惡業。《星球大戰》（*Star Wars*）這部電影也強調憤怒是來自黑暗面的強烈情緒，天行者就是由於憤怒而掉進了黑暗面，變成了黑武士維達，此可謂「由怒生惡」。

思惑

佛教將三毒歸入「思惑」，是思想出了問題，思惑共有五種，乃修行者必須克服的。

三毒	貪	貪名利、貪圖享受、貪戀一切
	瞋	發脾氣、懷恨在心、怨天尤人
	痴	痴呆、痴情、痴心妄想
慢		傲慢、自負、自以為是
疑		不相任他人、懷疑所有真理

的確，憤怒可以導致一個人完全失控，繼而做出魯莽的行動，例如一怒之下殺人，即使不是那麼嚴重，我們不也是常常在憤怒過後，後悔自己的惡言惡行嗎？而歷史上亦不乏因憤怒而影響大局的事件，例如明末時，山海關守將吳三桂因愛妾被李自成搶走，於是衝冠一怒，放清兵入關，促成了改朝換代。又例如三國時，劉備因為好兄弟關羽被殺，盛怒之下要向東吳進軍報復，不理會諸葛亮的勸告（當時曹操剛死，這是聯吳伐魏的良機），結果大敗而回，不但損失了領土，還為此染病而死。由此可見，憤怒會妨礙理性思考，作出錯誤的判斷，盛怒中更不宜爭辯，有人甚至主張要停止思考，或是離開現場，讓自己冷靜下來。在但丁的《神曲》中，犯憤怒之罪的人會落入充滿煙霧的地獄，喻意就是理性受憤怒的情緒所蒙蔽，缺乏清晰性。

至於「遷怒」則可能導致另一個問題，我稱之為「層壓式的憤怒轉移」，為甚麼我們會遷怒他人呢？就是因為你不敢向惹怒你的人發惡，於是你會選擇一個比你弱勢的對象發洩，而這個受害者亦可能會遷怒於比他更弱的對象，如此類推。這樣老闆會鬧伙計，伙計會向他的孩子發脾氣，孩子會欺負比他更小的孩子，而這個小孩子也會虐打他的小狗。我懷疑很多發生在學校的欺凌事件，就是來自這種層壓式的憤怒轉移。提到學校，想起小學時我們會將老師分為兩種，一種是惡的，另一種是不惡的，惡的老師不但會罵人，還會施以體罰，其中有一位陳老師十分兇惡，很多同學都怕她，因為她會大力抽打你的臉龐，留下一個紅掌印在你的面上，現在回想起來，她使用了過分的暴力，也許她本身也是遷怒的受害者。

對基督徒來說，憤怒不但不好，還是罪，於是有些人會盡量抑壓自己的憤怒，如果真的發怒，也會因此而內疚。而中國的傳統教育也強調凡事要忍，避免衝突，總之是大事化小，小事為無。然而，強行抑壓憤怒是會傷害身體的，根據中醫的說法，怒氣會傷肝，的確，有時將怒氣宣洩出來是暢快的。其實《聖經》沒有完全否定憤怒，正如《以弗所書》說：「生氣卻不要犯罪，不可含怒到日落。」即使憤怒，也不可以做出害人之事。

 ## 憤怒的合理性

為甚麼我們會憤怒呢？通常是發生了我們認為不合理的事，例如被人侮辱，累積了相當的壓力，別人達不到我們的要求等等。在職場和家庭裏，工作壓力正是發怒的常見原因，例如員工每天都要加班，媽媽有做不完的家務。在這裏，我嘗試區分兩種憤怒，一種是不合理的，另一種是合理的；當然，合理和不合理並非截然二分，兩者之間可以有程度之分。例如丈夫有外遇，太太發怒是合理的；但若丈夫只是一時忘記幫太太買東西，太太就大發雷霆，那就未免有點過分。

不合理的憤怒有前述的遷怒於人，另外有一種常見的就是對人要求過高，或是將對方的過失嚴重化，例如戀人之間的爭吵，往往是源自一些小事，就是因為這些小事而責備對方對你不好，那不

就是強求完美嗎？你惡言相向，對方就會反擊，由吵架到打架，很多家庭暴力都由此而來。亞里士多德（Aristotle）認為憤怒某程度是聽從理性，但卻會聽錯，就像匆忙的僕人聽錯了主人的吩咐而作出不當的行動。這是因為憤怒是一種即時的反應，特別是當我們感覺不被尊重時，憤怒就會急急作出回應。

憤 怒 三 部 曲

不合理的對待	←——	檢視是否要求過高
▽		
責罵對方	←——	注意表達的恰當性
▽		
採取報復行動	←——	考慮後果，有沒有必要性

這種憤怒跟某些恐懼一樣，也是源於強求完美，但兩者的不同在於，恐懼是源於對自己的要求，而憤怒則是源於對他人的要求。源於強求完美的憤怒，對象通常是跟自己有密切關係的人，例如戀人、夫婦、母女、父子等等，正正因為關係密切，我們要求對方的標準就難免會高些，但我們需要反省的正是：是否要求過高呢？最好就是先用這個標準衡量自己。對自己生命中重要的人，報復只會破壞大家的關係，最好就是採用容忍和遺忘的態度。

合 理 / 不 合 理 的 憤 怒

憤怒	原因	後果
不合理	強求完美，將問題嚴重化，找人出氣	由怒生惡
合理	不公平，損害重要價值	由怒生勇

不過，有時發怒也有正當的理由，就以宣揚愛的耶穌為例，不是也曾在聖殿發怒嗎？他還將做買賣和兌換的人趕出聖殿，過程十分暴力。當然，耶穌憤怒是有道理的，因為聖殿是神聖之地，給這些人弄得如此不堪，正所謂「佛都有火」，神發怒的理由正是公義。周文王一怒而安天下，推翻了暴虐的商紂，也是基於公義，可稱之為「義憤」。要注意的是，耶穌並非憎恨這些人，是怒而不恨，如果耶穌的怒帶有恨的話，他就不配稱為「愛的代言人」，因為愛和恨是對立的，而耶穌的暴力也只限於終止一些不合理的事情，目的不是要傷害他人。由此可見，憤怒不一定是壞的，亞里士多德就認為，過多的憤怒和缺乏憤怒都是不好的，要恰如其分。有人認為發怒是毫無用處的，那只不過拿他人的過錯來懲罰自己；但我看未必，例如有時在課堂上面對嘈吵的學生，我也會假裝「憤怒」，才可以鎮住他們，有時憤怒不但有合理性，也有必要性。剔除了恨的憤怒就不再是佛家所講的瞋。

所謂合理的憤怒就是發怒基於正當的理由，例如受到不公平的對待，遇上極之不合理之事，有些人並非受害者，但看到重要的價值受損，也會非常憤怒，我記得在大學讀哲學時，一位老師說其屋苑的游泳池豎立了一個告示牌，上面寫着：「禁止菲傭使用」，他為此感到非常憤怒，還說如果手上有斧頭的話，就會將告示牌砍下來。當然，他這樣說只是一種姿態，但反映出「平等」正是他心目中的重要價值，他認為禁止菲傭使用游泳池就是歧視，違反平等原則。正如亞里士多德所說，對不合理的事感到憤怒，並且在應該憤怒的時候才憤怒的人，是應該受到讚美的。很多人批評《舊約聖經》的上帝是憤怒之神，但神為甚麼會發怒呢？多數

是由於人類毀約，所謂「舊約」正是神跟人訂下的契約，例如以色列人膜拜金牛，破壞了上帝的律法，神的懲罰就是讓利未人屠殺了數以千計的以色列人。也許有人覺得神的懲罰未免重一些，但既然是神，自然有些特權，也不可完全以人的標準來衡量。說到上帝的最大憤怒，那將會是末日審判時才出現的，莫札特（Wolfgang Amadeus Mozart）的名作《安魂曲》（*Requiem*）中有一段叫做「震怒之日」，講的就是這個場面。但對人來說，即使憤怒是合理的，但如何表達才適當呢？合理的憤怒有兩個意思，一個是憤怒有正當的理由，另一個是憤怒的反應要合適。

如何處理憤怒？

正如亞里士多德所說，誰都會發怒，沒有甚麼大不了，重要的是用適當的方式表達憤怒。憤怒時，一般人的反應不外乎發脾氣、強忍怒氣、暗地對抗、表達不滿等。如何處理憤怒要視乎具體的情況，不能一概而論，但必須知道令你發怒的原因是甚麼？對象是誰？跟你有甚麼關係？當然，最重要是檢視憤怒的原因是否合理，有些人給待慢了就會發怒，其實是自尊過度，自尊過度正是自我處理不當，會引致人際關係的問題，發脾氣只是其一的表現。而自尊過度往往是源於自卑的心理，所以應該做的是改善自己。若憤怒有正當的理由，那就要考慮怎樣表達自己的不滿，讓對方知道。但有時形勢比人弱，或是情況不容許你表達，那就可

能要強忍。可是，忍着怒氣會傷害身體，況且抑壓也只會令怒氣不斷累積，一旦爆發出來，傷害性會更大。所以心理學家通常會建議將怒氣發洩出來，例如叫你打沙包，這也是怒氣的轉移，當然好過找真人出氣，但只是治標不治本，比如說上司無理對待，若忍辱的話，對方可能會得寸進尺，而你的敵意和憎恨也沒有因另覓方法發洩了怒氣而消失。也有人主張正想發怒時應採用延緩的方法，例如由 1 數到 10，讓自己冷靜下來，起草《美國獨立宣言》的第三任總統傑弗遜（Thomas Jefferson）甚至說，如果是非常憤怒的話，就要由 1 數到 100。這個方法有一定的道理，因為正如前面所言，憤怒有着本能性的一面，是即時的情緒反應，這樣做就有時間讓腦袋運作，用理性控制憤怒。其實早在羅馬時代的哲學家塞內卡（Lucius Annaeus Seneca）就提出類似的主張，他認為延緩是對抗憤怒的最好方法，轉移了視線，情緒也就走了。他還寫了一本書叫做《論憤怒》（On Anger），可以說是西方第一本討論管理情緒的專書，其實現代心理學的認知行為治療有很多技巧也源於此書，不過認知行為療法忽略了塞內卡對德性的重視。但塞內卡的方法只適用於一些不算嚴重的不合理之事，若碰到重要的事，就很難置之不理，而且生氣也是合理的。

要處理憤怒，抑壓和發洩其實都不是好方法，最好就是用自制代替抑壓，用表達代替發洩。而最徹底對治憤怒的方法還是要改善自己的品德，個人認為，克制、慈悲和幽默都是對治憤怒的優良品德。克制不同於強行壓抑，克制是預防性的，要平時多加練習，在情緒未發或將發之際察覺之，並加以控制。克制也不表示不可以表達憤怒，只是對情緒加以節制，正如《中庸》所說：

「喜怒哀樂之未發，謂之中；發而皆中節，謂之和。」人的情緒並未波動之前那種心理狀態就是「中」，而我們跟外物相遇時，就會產生情，如果情緒的表現能恰於其分，即無「過」和「不及」，那就是「和」。「中」跟「和」是連在一起；換言之，「中」就是指做人不走極端，恰於其分，跟亞里士多德所講的「中庸」有相通之處。其實孔子也講了不少管理情緒，培養 EQ 的方法。還有一個有效控制憤怒的方法，就是想像自己在憤怒中跳出來，從一個旁觀者的角度看正在發怒的自己，那是多麼的醜陋啊！越想像得多，就越能在發怒前有一種自覺，叫自己不要發怒。

孔子的情緒管理

孔子特別重視「怨」這種情緒，怨是對他人抱怨，跟其他八種情緒有關，孔子教導我們如何紓解自己的怨及他人對自己的怨。

八種情緒		紓解方法
厭：討厭		
慍：生氣	怨	別人抱怨自己 / 律己以嚴，待人以寬
怒：憤怒		
惡：厭惡		
憾：遺憾		
悔：後悔		自己抱怨別人 / 學詩
哀：哀傷		
戚：憂愁		

慈悲是佛教的用語，可以了解為對他人痛苦和缺點的體諒，並提供幫助，用基督教的說法，也就是愛。慈悲心有助撲滅怒火，避免了報復或其他惡意的攻擊，但慈悲亦不表示要忍聲吞氣，正如前面所說，有時生氣是合理的，但慈悲會使我們尋找恰當的表達方式，及解決問題的方法。舉個例，小孩子發脾氣，將家裏的東西亂擲一通，你生氣是正常的，也要即時阻止他的不當行為，慈悲不是縱容；但同時要了解他為甚麼這樣做，而不是靠打罵來讓他屈服，慈悲是諒解和幫助。

有時表達憤怒就難免要指責對方，可能會令對方尷尬或心存怨恨，如果可以幽默一番，不但可以保存對方的顏面，也可能收到意想不到的效果。當我們面對惡意中傷和不合理攻擊時，若能以幽默的方式回應，那就毋須動怒，因為大家一笑，你就反擊成功，贏了。舉個例，當林肯（Abraham Lincoln）勝出選舉，成為了總統之後，很多上層社會的人都不高興，因為林肯是鞋匠之子，出身於低下階層，林肯第一次在上議院發言時，一位議員就對他說：「在你未演說之前，請記住，你是一個鞋匠的兒子。」很明顯，這是想羞辱林肯，也充滿階級歧視，全場的人都笑了；但林肯沒有發怒，回應說：「非常感謝你令我想起我的父親，他已經過世了，我也會記住你的忠告，我知道我做總統永遠不及我父親做鞋匠那麼好。」林肯說完之後，全場沉默。又例如，有次上邏輯課時，一個學生經常說話，又講電話，阻礙我講課，最後我忍無可忍，問他為甚麼不好好上課（其實這是間接地責備他），誰知

他竟然反問:「學邏輯有甚麼用?」這一下我當堂火光(邏輯當然很有用,只是他沒有留心上課),於是說:「既然你覺得沒有用,為甚麼還坐在這裏?真奇怪!」(事實上,我真的想他離開)結果全班學生都笑了,他也不好意思繼續說話。

三種對治憤怒的德性

中國哲學擅長於人生處世,個人認為,儒、佛、道三家思想分別有助於我們培養克制、慈悲、幽默這三種德性。

控制憤怒　◁　克制　◁　儒家
消解憤怒　◁　慈悲　◁　佛家
轉化憤怒　◁　幽默　◁　道家

我是憤怒

雖然說遇到不合理事情憤怒是正常的,但對於「不合理」的解釋每個人都可能有些不同,即使完全一樣,對「不合理」的容忍也會有差別。有些人遇到交通擠塞或者航班延誤之類的事都會發怒,自問在這方面的容忍能力較高,即使有人對我做了錯事,當然是指不嚴重的事,例如不小心將咖啡倒在我身上,我都不易動怒。但有兩種情況,我會按捺不住要發怒,第一,明明是對方有錯,卻將責任推到自己身上,例如那個將咖啡倒在你身上的人,不但沒有向你道歉,還怪責你撞到他的咖啡,這是被人冤枉的憤怒。第

二，跟人討論的時候，對方謬誤百出，你給他指認出來後，他還繼續詭辯連篇。有次碰到一而再、再而三地詭辯的人，我控制不住怒氣要大鬧對方，幸好在罵人之時還能理性思考，不會說話不撓人。但面對不可理喻的人，為免自己動怒，最好還是避之則吉。

說到自己的憤怒，我想起了 Beyond 樂隊的一首歌曲，叫做《我是憤怒》，收錄在 Beyond 最後的一張唱片《樂與怒》，樂與怒是 Rock and roll 的音譯，即是搖滾樂。雖然搖滾樂有不同類型，有些十分頹廢，但有不少都表達出年青人對現實的不滿，例如不公平和戰爭，亦反映出他們對自由、愛情，及美好生活的嚮往。年青人既感性又精力旺盛，容易感受到社會的不公而憤怒，通常我們會說年青人憤世嫉俗，但也有可能是我們自己麻木了，所以無動於衷。年青人的憤怒其實是一股推動社會改革的力量，叛逆也不過是不盲從權威，這也是為甚麼我們需要年青人的原因，也可以說，沒有了年青人的憤怒，社會也欠缺了改革的動力，問題是如何將怒氣轉化為達成目標的力量。寫到這裏，我忽然想起了岳飛的《滿江紅》，這是一首表達憤怒的佳作，也反映出收復河山的堅定意志，此可謂「由怒生勇」，以別於「由怒生惡」。

關鍵字再思考　　　憤怒轉移 / 強求完美 / 公義 / 克制 / 慈悲 / 幽默
相關篇章　　　　　嫉妒　　自卑　　勇氣　　正義

日本佛教塑像跟中國的有一個主要分別，就是多
了明王，這是受了密宗的影響，「明」即是咒語，
明王亦即是咒語之王，或真言之王。據說明王是
佛或菩薩的憤怒化身，用以降服妖魔鬼怪，亦可
激發信眾的信心。明王有很多種，在日本京都的
東寺，你就可以找到不動明王、降三世明王、軍
荼利明王、大威德明王、金剛夜叉明王等，右圖
所繪的是不動明王，乃大日如來的化身，亦是明
王之首。

《不動明王像》(839)

作者：不詳
原作物料：木
尺寸：173.3 cm 高
現存：京都東寺

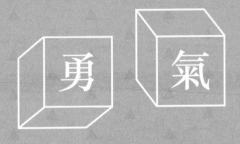

勇氣

在各種精神力量中，
以勇氣為首。

小時候最喜歡看的一套日本卡通片叫做《綠野仙蹤》，劇中有三個有趣的角色，稻草人、鐵罐人和獅子，他們跟隨主角桃麗斯尋訪大巫師，求他實現願望，其中最特別的是獅子，因為獅子要求巫師賜給他勇氣，但獅子不就是勇氣的象徵嗎？一隻缺少勇氣的獅子的確十分痛苦。但勇氣不是他人可以給你的，而是來自自己的。

很多令我有深刻印象的價值觀，最初都是來自日本的電視劇和卡
通片，例如上述的勇氣；又例如毅力，來自小學時所看的日本
電視劇，特別是有關運動的，記得有一套講排球的叫做《青春火
花》，另有一套講游泳的，好像是《綠水英雌》；至於正義，那當
然是來自超人片和警匪片。那麼，我們在學校學到甚麼價值呢？
那就是勤力、謹慎、服從、孝順等之類有利維持秩序的價值觀。
可是，學校並沒有教授我們勇氣，也許老師認為學生有勇氣不是
好事，會變得容易爭辯、生事和反叛，學生最好就是聽話。

我越來越感到勇氣的重要性，甚至遠勝智力和其他才能。我發現
有很多聰明、有學識和能力的人，在社會上並不十分成功，可
能就是因為太小心，怕犯錯誤，也欠缺面對失敗的勇氣。有勇
氣，我們才會挑戰自己，克服困難和挫折，這樣才會有所發展，
取得成功。現代教育並不強調勇氣，反而古代社會十分重視這種
德性。

古老的德性

勇氣是古老的德性，孔子所推崇的三達德就是「智、仁、勇」，
而柏拉圖（Plato）的四大德性則是「智慧、勇氣、節制、公正」，
在東西兩大哲人眼中，勇氣的地位跟智慧同等重要，而且關係密
切。柏拉圖認為，理性、意志和慾望是靈魂的三種能力，發展理

性就可培養智慧的德性，用理性控制意志則可培養勇氣的德性，理性和意志合力控制慾望就可培養節制的德性。柏拉圖的理想國有三個階層：統治者、戰士、生產者，正對應着智慧、勇氣、節制這三種德性，的確，戰士最需要的是勇氣，因為他們的職責是上陣殺敵，保家衛國。柏拉圖在對話錄《拉凱斯篇》（Laches）討論過勇氣，拉凱斯是一名將軍，此篇正是以士兵的勇氣來探討勇氣的本質，勇氣除了堅強的意志之外，還需要有明確的目的，戰場是一個令人真正心生畏懼的地方，士兵固然需要勇氣，但若有明確和正當的目的，如保衛國土和人民，則會勇氣大增。而且勇氣是會傳染的，這也是為甚麼士氣那麼重要。

孔子説：「知者不惑，仁者不憂，勇者不懼。」真正的智者不會感到迷惑，真正的仁者不會受環境動搖，沒有憂慮，真正有大勇的人也沒有甚麼可怕。孔子認為，人格修養必須三者合一，也可以説，真正的勇氣必有智慧和仁愛相伴。如果對應柏拉圖對勇氣的分析，知即是智慧，而仁就是做事的價值，亦即是柏拉圖所講的目的。

孔子 vs 柏拉圖

孔子認為，智、仁、勇是完整的人格修養；而柏拉圖則認為，若一個人的智慧、勇氣、節制能和諧並存的話，則是公正的。

孔子					柏拉圖
智					智慧
仁	▷	完整的人格	公正	◁	勇氣
勇					節制

墨子雖然是儒家的反對者，但他的事跡卻正好體現出孔子所講的智、仁、勇三者合一。像孔子一樣，墨子也周遊列國，宣揚他的主張，墨子的一個重要主張是「非攻」，並且身體力行，以實際行動來阻止侵略性的戰爭。最有名的一次就是「止楚攻宋」，墨子知道楚要攻打宋，就連夜走了十天，由魯國趕到楚國，要說服楚王放棄攻宋，又跟楚王的臣子公輸般演示攻防之戰，公輸般攻了九次，都被墨子擊退，公輸般的最後一着就是殺了墨子，但墨子早就預料有此一着，所以出發前已吩咐禽滑釐帶領弟子三百人到宋國防守，楚王見沒有取勝的把握，就放棄了攻宋。由此可見，墨子有大仁，為拯救天下蒼生而奔走；有大勇，以不畏死的精神，單人匹馬到楚國說服楚王；也有大智，能擊退公輸般的進攻，並留有最後一着。如此智、仁、勇兼備的人，簡直就是聖人，但孟子竟評他為禽獸，可見孟子也有着狹隘的學派之見。

亞里士多德對勇氣的分析也很有參考價值，他認為德性是處於兩個極端之間，以勇氣為例，就在魯莽和懦弱之間，魯莽的人往往衝動行事，不顧後果，缺乏的是理性的指引，正如孔子所說「勇而無禮則亂」，沒有禮來節制我們的行為，人就會變得魯莽。魯莽和勇氣的分別除了理性的考慮之外，還涉及做事的目的，例如消防員冒着生命危險進入火場救人，這是他的責任，即使不幸殉職，我們也不會視之為魯莽。雖然消防員擁有專業知識和訓練，但也十分需要勇氣，因為沒有勇氣就不敢冒險。那些追求名聲的人通常都不會有勇敢的行動，因為個人名聲比他人利益更重要，而有勇氣的人剛好相反，將他人的福祉置於個人利益之上。從這個角度看，勇氣伴隨着責任，還要有犧牲的精神；相反，懦弱的

人就往往逃避責任，避開危險，因為他將個人的利益凌駕於他人之上。為了虛榮而不顧危險的人是魯莽的，但相對於魯莽之人，更多的是懦弱之輩，這也難怪，因為求生是人的本能，而懦弱的人最容易被恐懼所征服。但別看輕懦弱的人，當他們掌握大權的時候，很有可能變成殘暴者，正如蒙田（Michel de Montaigne）所說：「懦弱是殘酷之母。」歷史上的暴君就有不少是懦弱之輩，因此要殺盡所有可能傷害他的人才會感到安心。

值得一提的還有愛唱反調的老子，究竟他對勇氣有甚麼看法呢？老子說：「勇於敢則殺，勇於不敢則活。」這句話時常被人誤解，以為老子的意思是膽小怕事，不強出頭就能保命，因為勇於敢作為的人會喪命，勇於不敢作為的人就能活下來。在這裏，老子提出了兩種勇，勇於敢和勇於不敢，勇於敢可以指那些好勇鬥恨、魯莽而行之人，這也是墨子所講的「惡勇」。但「不敢」也需要勇氣，還需要智慧，判斷哪些事是不應做，不敢並非害怕，而是不顯露自己，不標榜自己，這正符合老子守柔不爭的處世原則，老子所講的勇於不敢令我們注意到勇氣跟自制、忍耐、謙卑相連。當然，敢於冒險而喪命的人固然有，但人類的進步不就是不甘於平淡而作出冒險嗎？沒有勇於敢，不作冒險，哥倫布（Christopher Columbus）就不會發現新大陸，人類也不會登陸月球。所以，勇於敢也可以是有價值的，關鍵在於目的是甚麼，若有正確的目的和動機，冒險是必須的。

勇於敢	好勇鬥恨，顯露自己	▷	不好
	責任感，有明確及正當的目的	▷	好
勇於不敢	不做不義之事，不出風頭	▷	好

兩種勇氣

《戰狼 300》（300）這部電影是講述古希臘時代，斯巴達三百名勇士力抗波斯大軍入侵的事跡，當我看到那些身體強壯、孔武有力的斯巴達戰士時，就深深感受到形體的勇氣，正如柏拉圖所講，戰士要保衛國家，上陣殺敵，最需要的德性就是勇氣。不過，相比於形體上的勇氣，有兩種勇氣更加重要，它是社會文化賴以進步的必要條件，那就是道德的勇氣和創造的勇氣。

某個意義下，人類的歷史就是由那些捍衛真理，無懼於批評、迫害，甚至於喪命的人所推進，為了真理和義務，敢於忍受苦難，這就是道德的勇氣。的確，面對困難，通常我們第一個溜走的品德就是勇氣。蘇格拉底（Socrates）被指控敗壞年青人和不敬神，72 歲高齡時被迫飲毒酒身亡，但臨死前仍無畏無懼，還教導大家輪迴轉生的真理；跟蘇格拉底一樣，為傳播真理而觸怒了當權者，耶穌被釘死在十字架上；以《烏托邦》（Utopia）一書聞名的托馬斯・莫爾爵士（Sir Thomas More），因反對英王亨利八

世（Henry VIII）兼任教會首腦而被送上斷頭台；宗教改革家馬丁·路德（Martin Luther）冒着生命危險，拒絕在沃木斯會議撤回聲明，絕不妥協。為了追尋真理，科學家發表了跟教會不同的意見，結果布魯諾（Giordano Bruno）被活活燒死，加利略（Galileo Galilei）被囚禁至雙目失明，哥白尼（Nicolaus Copernicus）也遭迫害。的確，基督教一度是阻礙文明進步的保守勢力，當培根（Francis Bacon）發表《新工具論》（Novum Organum）時，經驗哲學被認為顛覆基督教的信仰；史賓諾沙（Baruch de Spinoza）因其哲學觀點違背教義，被開除了教席，還遭到暗殺威脅；連牛頓（Isaac Newton）的「萬有引力」學說也被指控為推翻上帝。政治就更不用說了，昂山素姬（Aung San Suu Kyi）為追求民主而被軟禁多年；曼德拉（Nelson Mandela）因反抗南非的種族隔離政策，領導爭取種族平等，為此入獄長達 27 年。由此可見，勇氣要結合其他德性如忍耐、謙卑和信心。人類的歷史就是由這些追尋真理，謀求人類社會進步的科學家、哲學家、宗教家和政治家所開展。

道德的勇氣是基於正義，必須發聲或採取行動，就像路德反對舊教的腐敗而推行宗教改革，又如曼德拉反對南非的種族歧視而攪公民抗命，而他們都遭遇強大力量的打壓，甚至要冒着生命危險。創造的勇氣是指開拓精神、創新和發展，例如哥倫布發現新大陸，早期美國西部的拓荒精神。從這個角度，蘇格拉底和耶穌殉道而死，除了展示出道德的勇氣外，他們的教訓和精神也決定了以後文化發展的方向，開創了新的局面，這也是創造的勇氣。

現代社會急促改變，各行各業都要尋求創新和發展，最需要的
就是創造的勇氣。而最能表現純粹創造性的還是藝術，尤其是
創造新典範的藝術家，例如被喻為繪畫之父的十四世紀意大利
畫家喬托（Giotto），及十九世紀末的現代繪畫之父塞尚（Paul
Cézanne）。喬托要打破一千年的中世紀公式化繪畫方式，復興希
臘文化的寫實精神；而塞尚則要擺脫這個建基於文藝復興的寫實
傳統，當塞尚發現了新的繪畫空間形式後，一方面他預料會對藝
術的將來產生巨大的影響，另一方面他又懷疑這個方向的價值和
意義，這就是為甚麼創造需要勇氣；因為創造固然有可能失敗，
遭到守舊勢力的批評，也要面對自己的懷疑。

道 德 與 創 造

人的基本能力可分為四種，理性和知性要依靠後天的學習才有所成，而感性
和悟性的先天成分較重。

道德　▷　　理性　　人
　　　　　　知性　　的
　　　　　　　　▷　能
創造　▷　　感性　　力
　　　　　　悟性

人生的力量

也許你認為自己又不是想做甚麼偉人，用不着這樣冒險；但即使對一個普通人來說，勇氣也是非常重要的。如果我們回顧一下自己的人生，就會發現有很多事由於缺乏勇氣而沒有付諸行動，現在難免感到後悔，例如當初沒有向心儀的對象表白、求學時不敢表達自己的意見、為求安穩而沒有毅然轉工，尋找自己的理想等等。當然，表白有可能遭到拒絕，發表自己意見會被批評，轉職亦有機會出現經濟困難；但人生需要冒險，否則難有進展，冒險正需要勇氣。又例如人際關係，我們很多煩惱都是來自人際關係，但同樣地，我們大部分的幸福也是來自人際關係，我們固然恐懼孤獨，但也會害怕淹沒在人際關係之中，無論是獨立自處，或建立關係，都需要克服恐懼的勇氣。

根據實用主義哲學家杜威（John Dewey）的説法，人生是一個解決問題的過程，要解決問題，就必須克服困難、面對挫折、改善弱點，需要的是勇氣。比如說人性的弱點如恐懼和自卑就需要勇氣才能戰勝，經歷人生低潮的時候，我們更需要堅持的勇氣。記得參加大學迎新營時，學生們都精神奕奕，充滿喜悅，因為實力得到肯定，能夠繼續升學，幾乎每個人都充滿鬥志；但更重要的還是遭遇失敗和挫折的時候怎樣處理，這才是成長的關鍵，有勇氣的人會從失敗中找出成功的方法，在挫折裏覓出幸福的種子。當然，目標越高，失敗的機會就越大，我們要有面對失敗的勇氣，這樣失敗才會使人堅強，我們才能從失敗中學習，而最失敗的人生就是從來沒有失敗過，因為不肯嘗試，作出挑戰。正如

尼采（Friedrich Nietzsche）所説：「那無法殺死我的，將使我更加堅強。」

雖然尼采批判道德的普通性和強制性，還自稱為非道德主義者，但其實他是十分重視勇氣這種德性。在《超越善惡》（*Beyond Good and Evil*）這本書中，尼采提出的四大德性是勇氣、洞悉、同情、孤獨，而在《黎明》（*The Dawn of Day*）一書所主張的四種德性則是真誠、勇氣、大量、禮貌，勇氣是兩書都有提及的德性，可見其在尼采思想中的重要性。尼采認為，德性是用來提升我們的精神力量，而勇氣之所以重要，首先，它是我們求知的動力，關連着理性和智慧；他更認為我們必須危險地活着，不要貪求安穩，只重複或維護舊有的規範，人要敢於冒險才有創造性；還有，我們需要勇氣來不斷克服弱點，超越自己。另一個尼采推崇的德性是真誠，勇氣與真誠是最佳拍檔，真誠的人不會逃避真相，但若真相太過醜陋，就必須有勇氣才能面對。

培養勇氣

人的身體經過鍛鍊，體能會得到提升，但也有一定的限度；相比之下，精神力量增長的幅度卻大得多。在各種精神力量中，以勇氣的增幅最大，而勇氣亦是賦予行動的力量，沒有勇氣，其他德性也會褪色，沒有勇氣的愛，可能會製造依賴；缺少勇氣的義，

或會淪為妥協。人跟其他生物不同的地方在於，一棵樹自然就會生長，不需要意志，不用抉擇，但我們則要通過選擇才能成為自我，由於可見，勇氣其實是人類生存不可缺少的品質。

但如何培養勇氣呢？要針對不同的情況，有時我們只是害怕做某些事，例如讀小學時我最怕的就是當眾說話，尤其對象是陌生人，那幾乎要了我的命。有一次竟然被老師選中參加校際講故事比賽，當時心想有颱風之類的事發生就好了，很奇怪，經歷那次比賽之後，我就沒有那麼害怕當眾說話了。由此可見，提升勇氣的一個方法就是做自己害怕的事，面對恐懼其實有助找回勇氣。另一種情況是，我們明明知道有些事應該做，卻沒有行動的勇氣，這就是因為意志薄弱，或是抵不住誘惑，所以，可以由強化意志方面培養勇氣。

孟子所講的「養氣」或許也有參考價值，氣是來自人的自然生命，但它本身是盲目的，氣是力量的來源，人有氣才會有力。如果人能夠心志堅定，就可帶動氣，產生力量，這就變成勇氣；但氣也會反過來，影響我們的心志，令我們衝動行事。所謂養氣就是將這股自然之氣，轉化為孟子講的「浩然之氣」，這正是道德的勇氣。不過，「養氣」要配合「知言」才有更好的效果，知言就是善於分析別人的言論，對不合理的言辭（詖辭、淫辭、邪辭、遁辭）加以批判，指出其錯誤的地方（蔽、陷、離、窮），這就是正心。從這個角度看，鍛鍊身體和思考力也有助於培養勇氣，因為勇氣的「氣」來自自然生命，而知言則涉及思考能力。

記得讀書的時候，大部分同學都缺乏提問的勇氣（當然包括筆者在內），這可能是由於傳統的權威式教學，提問就好像挑戰老師的權威。而我的學習方法也很有問題，其中一個就是不能面對失敗，例如考試完了，老師會跟我們對試卷，但因為害怕面對錯誤，根本沒有用心去聽，那就錯過了改進的機會，而那些考試一完就去對答案的學生，就可避免犯相同的錯誤。現在回想起來，不敢提問，不面對錯誤其實都是源於自我中心，只關心別人對自己的評價。從這個角度看，減少年青人的自我中心，培養貢獻感，就等於賦予勇氣，因為若喜歡作出貢獻，就不會怕失敗，也會想辦法解決問題；相反，那些只顧自己的年青人，只重視他人對自己的評價，反而不能面對失敗，但沒有失敗就學不到東西，不面對失敗就不能更加精進。對年青人來說，培養勇氣十分重要，因為人年紀越大，就會越保守，不敢冒險嘗試，年青的時候沒有勇氣，年紀大就更加不可能有勇氣。

當然，我不是說不應理會他人的評價，從他人的評價中我們可以認識自己，但完全將自己的價值奠基於他人評價之上則是不智的。人要有遠大的眼光，開拓的精神，這樣才不會被眼前的事如考試和工作所局限。要解決問題，首先不要看輕自己，埋怨能力不足，環境不好，沒有人脈關係等等。勇氣跟自力、積極、獨立、負責是一體的。也許勇猛進取會給人具野心或霸道的感覺，不夠溫和。的確，溫和的人會盡量替人着想，也容易受人擺佈而喪失立場，或變得優柔寡斷。

藝術是另一個培養勇氣的方法,例如希臘悲劇就是描寫人在面臨苦難時仍能表現崇高的精神及勇氣。我認為,審美經驗能令我們獲得個性和真實性,成為一個更完整的人;因為審美經驗能使情感得到淨化,帶來愉快,而在藝術欣賞的時候,我們需要專注,所以感官會變得敏銳,這些都使得我們成為一個更完整的人。

有一部日本電影我十分喜歡,叫做《切腹》,是我心中的十大電影之一。切腹就是用刀剖開自己的腹部,是以前日本武士為保榮譽而自我了結的方法,本來切腹就需要很大的勇氣,因為剖開腹部後,要將腸臟拿出來才算完成整個儀式,那種痛苦非常人能當,需要極強的意志力;但這部電影的精彩之處在於,對切腹這種制度的虛榮和壓制有深切的反省,勇氣必須來自自己,不是受制於傳統和壓迫,而復仇的憤怒更令主角勇氣大增,以一人之力,對抗幾十個武士。所以,不妨借助憤怒,引發我們的勇氣;當然,這種憤怒要基於不合理的對待。

最後,思考也很重要,尤其是思考死亡,思考永恆,你將勇氣大增,特別是付諸行動的勇氣。

提升勇氣的方法

1　做自己害怕的事
2　減少自我中心,實踐利他的價值觀
3　鍛鍊思考力
4　強化意志力
5　鍛鍊身體

米高安哲奴（Michelangelo）的《大衛像》（*David*）舉世知名，大衛是《聖經》的人物，因戰勝巨人哥利雅而成為王者。在這雕像中，我們看到大衛充滿鬥志的眼神，毫無懼色，正準備給巨人致命的一擊。委托米高安哲奴創作此像的是當時剛成立的佛羅倫斯共和國，喻意就是共和國（大衛）戰勝了把持朝政大半個世紀的麥迪奇家族（巨人）。

《大衛像》（1504）

作者：米高安哲奴
原作物料：大理石
尺寸：517cm 高
現存：意大利佛羅倫斯學院美術館

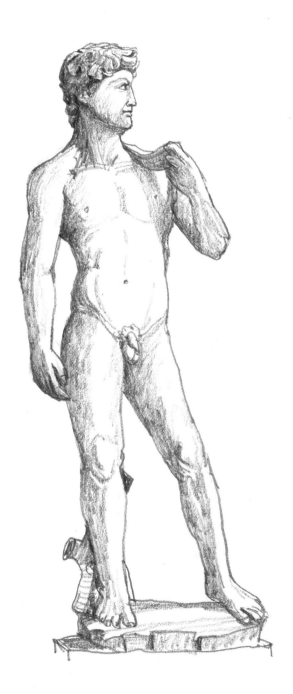

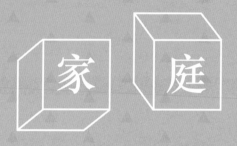

家庭

可以沒有國，
但不可以沒有家。

小時候有一次媽媽拋掉了我心愛的漫畫書，一怒之下離家出走，在外面浪蕩了大半天，到了吃飯的時候，人飢餓意志就會變得薄弱，最後也要乖乖回到家裏。雖然我們總是對家庭諸多不滿，例如爸爸就從沒有帶過我們看電影或去旅行，但現在回想起來，家庭其實是幸福的泉源，孩子在家庭裏得到最好的照顧，也感受到父母的愛。

大部人都是在家庭中成長，長大之後結婚，組織新的家庭，人類的社會就是這樣延續下去，家庭正是社會的基本單位。人跟其他動物不同，我們出生後需要人照顧，受教育多年才能獨立，在社會謀生，在這方面家庭肩負着重大的責任，正所謂「養不教，父之過」。有問題的家庭，也可能產生出有問題的社會成員。兒童未進入幼稚園之前，父母就是主要的施教者，俗語說「三歲定八十」，這三年的教導對孩子性格形成了決定性的作用，試想像出生於知識份子階層和工人階級的兒童，家庭背景對他們的成長肯定有着很不同的影響。

雖然說家庭是幸福的泉源，但對很多人來說，也是煩惱的來源，例如，有着如何養育子女、家庭不和、代溝等等的問題。當然，亦有不快樂的家庭，甚至不幸的家庭，想一想家裏若有酗酒的父親，或嗜賭的母親會是怎麼樣？我記得讀小學的時候，子女被父母虐打致死的事是有的，近年似乎還多了父親強姦女兒的不幸事件發生。也有人對家庭完全抱負面的想法，例如瑞典劇作家史特林伯（Johan August Strindberg）就說家庭是滋生所有社會邪惡的溫床。

家庭與政治

人雖然是由父母所生，但一定要由父母所養育嗎？家庭只是一種社會制度，制度不可以改變嗎？也許有別的制度能更好地發揮照顧和教育兒童的功能。二千多年前，柏拉圖就對家庭制度提出質疑，《理想國》（*Republic*）是柏拉圖著名的對話錄之一，在理想國中，家庭制度被廢除，社會則有三個階層：統治階層、軍人階層、生產階層，統治階層和軍人階層稱為守護者，守護者負責管理和保衛國家，由生產階層供養。守護者不容許擁有私產，目的是培養他們無私為公的精神；至於生產階層，則容許擁有私有財產，因為這樣能夠激勵他們努力工作，提高生產力。取消家庭制度的目的就是要將國家變成一個大家庭，男女平時要節制性慾，只有在特定的時期才可以交合，但也要由國家分配，這是一種優生的考慮，因為上層階級有較大機會產生優質的下一代，而孩子則一律由國家撫養，這樣每個人都不知道誰是自己的父母和孩子，不會為私情所絆，以國為家。

亞里士多德是柏拉圖的出色學生，同時也是柏拉圖思想的嚴厲批評者。亞里士多德認為柏拉圖所主張的共產制及廢除家庭完全是錯誤的，因為兩者皆違背人性，財產私有和家庭生活是人的快樂之源，犧牲個人幸福來達致國家的高度團結一點都不合理。雖然柏拉圖會說，在理想國中每個兒童都得到大家的關懷和照顧，但質素肯定不及自己的親生父母，因為根據常理，父母會給子女提供最好的照顧和培養，難怪亞里士多德諷刺地說：「寧願做一個真實的堂親，也不願做柏拉圖的兒子。」私有制能建立人的自尊

心，而家庭的教導則培養人的羞恥感，自尊心和羞恥感對人格的健全發展是很重要的。亞里士多德還指出，廢除家庭制度會產生偷情、亂倫和淫亂等不良後果，有礙「節制」這種德性的培養。很明顯，亞里士多德比柏拉圖重視家庭，而亞里士多德也喜歡以家庭成員的關係來比擬不同的政體。例如父子的良好關係就像君主制，父親具有威嚴和支配性，而君主制的墮落就會變成暴君制，在家庭裏，父親就如暴君一樣，使用暴力，對子女施以體罰和虐待。

家 庭 與 政 治

亞里士多德將家庭關係看成是政治體制的縮影。

家庭		政治
父子關係	良好	君主制 ▽
	不好	墮落 獨裁政治
夫婦關係	良好	貴族制 ▽
	不好	墮落 寡頭政治
兄弟關係	良好	民主政治 ▽
	不好	墮落 暴民政治

柏拉圖為了國家而取消家庭，亞里士多德將家庭看成是政治的縮影，而儒家則將國家看成是家庭的延續，其弊端是忽略了政治有其獨立問題要處理，例如權力的來源和權力的合理轉移等，形成了中國政治問題的死結。然而，以家庭倫理為君主制的根基，卻令社會產生超穩定的結構，雖然二千多年來中國不斷經歷改朝換代，但社會結構基本上沒有改變，國家行的是中央專制，而家庭則是家長專制，兩者互相支援。漢儒提出了為害千年的「三綱說」，將子女對父親的孝絕對化，而宋儒更講出「父要子亡，子不得不亡」的話，兒女都變成了父親的附屬物，父親也很容易成為家裏的暴君。巴金的名作《家》對傳統專制的大家庭有很深刻的反省和批評，在這部小說中，高老太爺就是一個專權橫蠻的老頭，他的話就是法律，在他的淫威之下，沒有人敢說不，很多家庭悲劇都是由此而生。

的確，儒家很重視人倫關係，而五倫之中，就有三倫屬於家庭：夫婦、父子和兄弟，先不論父權制度下性別不平等的問題，人倫設計本身也有其合理性，所謂「倫理」就是指在人倫關係中，必須有理（即禮）來調節情，這樣就產生了義，即義務，情義相連，如「父慈子孝、兄友弟恭」。不過，由於儒家太過強調人在羣體的責任，忽略了個人的價值，可謂只見角色，不見個人，缺少了對個體的尊重，比方說，「孝」就必須以「順」相連，那就是近乎無條件對父母的服從。

「家」的演變

在中國的先秦時代，「國」和「家」是兩個不同的概念，當時周天子只是聯盟的首領，周分封「諸侯」，封地稱為「國」，但天子不能干涉每國的內政，諸侯可以分封「大夫」，封地稱為「家」，這就是家的原意，所謂「齊家」就是指所管治的地方有良好秩序。後來「家」演變為大家族，例如以前香港新界的鄉村，通常是同姓居住，大家有着共同的祖先，而鄉村的祠堂除了是祭祀祖先的地方外，還負起保衛、懲罰、教育、福利等多種功能。這樣的大家族可稱為橫向性的家庭，以別於後來出現的核心家庭，後者是工業革命以後的產物。

家 的 模 式

橫向家庭	擴大式的家庭，成員之間有親屬關係，通常是由老太爺所生的兒孫，及其他親屬組成，是傳統的大家庭
直幹家庭	由夫婦及其已婚子女和兒孫組成，至少有三代人
核心家庭	由夫婦及其子女組成，子女長大後會離開父母另組家庭

傳統西方社會有另一種擴大性的家庭，家庭的英文是 family，其拉丁原文是 familia，即財產的意思；換言之，family 的原意是經濟共同體，也可以說，家庭就是一個互助的生活團隊，當時連僕人也算作家庭成員。事實上，只要經濟負擔得起，家庭結構就會擴大，例如請傭工、保姆、家庭教師等等。

中國傳統家庭是由男性家長掌權，一般稱為父權家長制，而西方傳統社會其實也是父權家長制，兩者的主要不同是，西方強調父親的支配權，而中國則較重視子女的自願服從，即是「孝」，這正是中國文化的特色。所謂「百行以孝為先」，「先」除了是重要之外，還有另一個意思，就是時間上的先；換言之，孝就是我們最先發展出來的品德，因為我們通常都在一個家庭中出生，首先面對的人自然就是父母，孝就是愛父母。不過，正如錢穆所說：「教孝不教慈」，慈是天生的情感，但孝則需要後天的培養。

有人認為，導致男女不平等的「元兇」正是父權家長制，究竟父權制度是如何產生的呢？德國哲學家恩格斯（Friedrich Engels）在《家庭、私有制和國家的起源》（*The Origin of the Family, Private Property, and the State*）一書中提出了解說，他認為人類早期本是母系社會，由女性掌權，因為大部分生產工具都由女性製造和擁有，後來生產方式改變了，畜牧業帶來了經濟增長，而負責畜牧的正是男性，慢慢男性就取得了權力，由母系社會轉變為父權社會。從字源上，我們也可以找到相干的證據，丈夫的英文是 husband，而 hus 正是 house 這個字的古代寫法，而農牧業的英文則是 husbandry，跟 husband 有密切關係。幾年前有一個婚嫁禮餅廣告用「嫁」這個字來說明嫁的意義，嫁就是給女子一個家，而「家」字上面是屋，下面有隻豬，這個字也可以印證恩格斯的說法，男人由於飼養牲畜而掌權，成為了家的主人。

今天，很多過往父權制度下的男女不平等已經消除，例如只有男性擁有財產權和繼承權。但女性主義者認為，性別不平等仍存在於家庭之中，那就是性別角色，我們會在後面討論。

親愛之情

正如前面所講，大部分人一生出來就在家庭之中，有父母的悉心照顧和教導，家庭是溫暖的，因為那裏有親情，既有夫婦之情，也有父母子女之間的愛。對一個初生嬰兒來講，並沒有人我之分，當他有需要時，就會得到父母的照顧，在這個意義下，他和世界是合一的，所以首先出現的愛就是對自己的愛。自愛是重要的，因為它正是愛的起點，由此發展出其他的愛；若弄不好的話就會變成自戀，自我中心，凡事只顧自己，對人缺乏同情心。親情可以消滅人的自私本性，對人的成長十分重要，在家庭裏，孩子不但分享快樂，也學會承擔責任。

在現代社會，夫婦之所以結合是基於愛情，子女正是愛情的結晶，也可以說是夫婦共同的「善」，亦是夫婦之間的關連。據說沒有孩子的夫婦的離婚率高於有孩子的夫婦，為了孩子，父母也得努力工作，想起了林子祥某首曲的歌詞：「父母有孩子所賜的勁」。夫婦之愛雖然建基於愛情，但跟愛情有着明顯的不同，那就是多了一種共同經營所產生的愛，古希臘人稱之為 Pragma，夫婦之愛的重點就在於共同經營一個家。

在人類的各種情感中，親情可以說是最自然或本能性的，動物也有這種愛，正所謂「虎毒不吃兒」。親情也是最沒有條件的愛，不像愛情和友情，由於對象有某種品質才會吸引我們。親情雖然是自然的，但又不可以「奉旨」，例如從來沒有負起做父親責任的人，可以要求子女愛他嗎？「要想被人愛，先要令自己變得可

愛」這句話不但適用於愛情和友情，也適用於親情。親情雖然是由血緣而來，但並不表示沒有血緣關係的就不可能發展出親情，我們對於熟悉的人，也有可能會發展出像親人一般的感情，例如主僕相處得久，也會產生出像親人般的感情。

愛是需要和給予，但愛也會令人產生依賴，需要會變成無盡的索求，俗語所謂「慈母多敗兒」，愛需要理性的指引。佛洛姆（Erich Fromm）在《愛的藝術》（*The Art of Loving*）指出，愛有四個基本元素：關懷、責任、尊重和理解；但我認為，關懷才是愛的本質，關懷已經涵蘊着責任。中國人喜歡將情和義相連，所謂「有情有義」，情就是愛，義就是責任。至於理解和尊重，當然也十分重要，因為可以提升愛的質素；但即使欠缺理解和尊重，也可以是愛，不過這種愛很可能會導致悲劇。例如在《暴雨驕陽》（*Dead Poets Society*）這部電影中，一所「貴族式」的中學來了基廷這位新老師，基廷採用活潑和啟發性的教學，鼓勵學生追求自己的理想，學生尼爾受基廷的啟發，喜歡了演戲，但卻被父親反對，還被迫轉校。尼爾接受不了這樣的打擊而自殺，但我們不可以說父親不愛尼爾，他為尼爾選擇這間學校就是希望他將來有美好的前途，只不過他沒有理解尼爾的個性和興趣，也沒有尊重尼爾的決定，才會釀成悲劇。缺乏理解和尊重，因愛之名就容易變成控制和佔有，愛你變成害你。

家庭的一個功能就是生育，不過，我並不同意有孩子的家庭才正常的家庭，但一提到家庭，我們往往會想到孩子，孟子說：「不孝有三，無後為大。」不生育就是不孝，在今天高舉人權自由的

現代社會，當然無法接受這種思想。不過，我倒認為生育子女是一種孝的表現，但不表示不生育就是不孝，由「如果 A 則 B」是推論不出「如果非 A 則非 B」。但為甚麼說生育子女是一種孝的表現呢？因為那是愛的回饋，爺爺婆婆看到自己的孫兒會特別高興，父母照顧我們多年，到他們晚年可以弄孫為樂的話，那也可以說是我們對父母的回報。

家庭的功能

現代社會的核心家庭已經不像傳統的大家庭擁有那麼多功能，但仍有以下三種主要功能。

相依為命	夫婦互相照顧，共同合作
滿足性慾	家庭預設了婚姻，婚姻則是性慾滿足的制度
生兒育女	延續社會

性別平等與生育

女性主義者認為，長久以來，女性受到男性的支配，而父權制度正是男性運用權力來壓迫女性，維護男性的既得利益。即使在今天男女平權的現代社會，還存在所謂性別角色，例如女性要照顧家庭和子女，父親則是家庭的主要話事人等。雖然現在女性也出來工作，但男性工作和女性工作也有明顯的差別。很多人認為，這只不過是社會分工，而分工是建基於男女自然的差別，例如男

人理性、果斷、勇敢、擅長分析和批判；女人則是感性、柔弱、直覺、善於關懷和照顧他人。所以男性應該擔任決策的工作，例如工程師、建築師、律師等；而女性則適合負責一些接待和照顧的工作，如侍應、護士和幼稚園教師等。不過，有人質疑這些所謂男性和女性的特質其實是後天形成的，是教育和社會化的後果，而家庭正是我們學習性別角色的地方。性別角色限制着女性發展潛能，導致不平等，因為除了工作之外，女性還要負責生育、照顧家庭和子女，所以工作的表現會比男性差，晉升亦受到限制。結果大部分上層的職位都被男性所壟斷，例如大法官、大企業的 CEO、大學教授等等。正如女性主義者西蒙·波娃（Simone de Beauvoir）所説，女人不是天生，而是後天變成的，「性別」是一種社會建構。

男女之別

科德羅（Nancy Chodorow）在《母性的複製》（*The Reproduction of Mothering*）一書中指出，人的個性跟初出生幾年的成長經歷有着密切的關係，男女之別也是由此造成，例如男性比較擅長抽象的思考、講求公正和權利；女性則比較重視人和人之間的關係，關懷別人的需求。

| 兒童通常或主要由母親撫養，父親多數不在家 | ▷ | 男孩為了認同父親，必須遠離母親，產生分離意識 | ▷ | 結果是男性重視「分離」，難於跟人相處，甚至是家人 |
| | ▷ | 女孩則認同母親，產生關聯意識 | ▷ | 女性重視「關聯」，照顧和滿足他人的需要，但因而要犧牲自己，所以在事業上的表現比男性差 |

為甚麼家庭裏的性別角色仍是牢不可破,其中一個原因是家庭一直被視為私人領域。英國哲學家彌爾(John Stuart Mill)就認為我們在私人領域有自由做任何事,只有公共空間才有可能傷害和影響其他人,所以行為才要受到限制,而家庭正是公私之間的灰色地帶。不錯,家庭不同於社會,它的首要德性不是公正,而是愛或情感,它足以抵消家庭成員之間的利益衝突。正所謂清官難審家庭事,但並不表示家庭就不可以講權利和平等,今天,「婚內強姦」的觀念已被接受,虐兒亦會受到懲罰,香港也通過了「家暴條例」,保護家庭裏的弱勢成員,免受暴力傷害。資料顯示,大部分配偶虐待事件中的受害者都是女性。家務也可以根據平等原則來分擔,女性固然要有產假,男性也需要產假,沒有理由假定照顧初生子女的責任一定要落在母親身上。正如女性主義者傅瑞丹(Betty Friedan)所講,性別平等不單是女性的事,男性也有份,女性需要走向公共領域,男性則要走入家庭。

有些女性主義者認為,即使家務可以平等分配,但生殖始終只有女性才能做到,男性不可以代勞,而男女不平等的根源就在這裏,所以她們主張女性有墮胎的權利。法爾史東(Shulamith Firestone)在《性的辯護》(The Dialectic of Sex)一書中寄望科技的進步,生殖可以完全交由科技處理,由試管受精開始,胚體培育到嬰兒出生,並且由社會全體負責育兒的工作,全面摧毀家庭制度,有點柏拉圖理想國的影子。艾倫(Jeffner Allen)比法爾史東更激進,她在〈母職:女人的毀滅〉(Motherhood: the Annihilations of Women)一文中指出,母職是男性利用女性身體進行父權再生產的工具,再生產過程包括:異性戀性交、懷孕及

照顧孩子，要停止對女性的壓迫，就要從母職中解放出來，拒絕當母親，不要生小孩。還有更激進的女性主義者，她們認為，既然異性戀是父權制度的產物，要徹底擺脫男性對女性的壓制，完全從生殖和母職的角色解放出來，同性戀是一個出路。

家庭危機？

家庭作為一種制度，對穩定社會有很重要的功能，但核心家庭似乎不大成功，在歐美的先進國家，幾乎有一半的婚姻以離婚收場，出現了很多單親家庭，而再婚的家庭又會令家庭的結構複雜化，多了繼父繼母，及沒有血緣關係的兄弟子妹，現在還有同性戀家庭。近年在香港，有些反對同性婚姻合化法的人，說要捍衛中國傳統的家庭價值，但正如前面所言，核心家庭是工業化的產物，一夫一妻也不過受了西方基督教文化的影響，他們要捍衛的並非「中國傳統」（中國傳統是一夫多妻制的）。其實他們要反對的東西還有很多，包括婚前性行為、婚外性行為、包二奶、私生子女，甚至離婚，因為這些都會「破壞」家庭。

上一節我們看到女性主義對「家庭」的挑戰，而生育科技亦有可能衝擊家庭結構，例如代母和單性繁殖，而且也越來越多家庭選擇不生孩子，單身人士的數量正持續上升。如果核心家庭正走向解體，這種現象是好，還是不好呢？從女性主義的角度看，家庭

解體當然是好的，因為我們會進入一個性別更平等的社會，而養育孩子的工作誰來負責呢？是否就如柏拉圖所講，由國家負責呢？在柏拉圖的理想國中，並沒有階級延續的問題，因為階級不是世襲，所有人都由國家撫養，即使父母是生產階層，兒童也可以通過教育成為統治者，用今天的說話講，這就是起步點平等。柏拉圖甚至認為，女性經過適當的教育和訓練，也可以有足夠的能力成為統治者。但這種平等的起步點是要犧牲家庭來達成，似乎並不可取。

對很多人來說，家庭仍有很大的吸引力，只是家庭會變得更多元化。家庭可以了解為一個互助的團隊，有着不同的形式，除了核心家庭之外，也可以是沒有子女的家庭、單親家庭、多親家庭（例如可以有親父、繼父和養父）、沒有合法婚姻的伴侶關係，甚至是同性戀家庭。我身邊的共同朋友有很多都是單身主義者，隨着年紀的增長，他們之間的關係也越來越密切，大家會住在附近，在小事上也互相支援，我想起了以前那些「馬姐」所組成的姑婆屋，難道這不是另類家庭嗎？以友情來建立家庭，友誼也正是下一篇的主題。

關鍵字再思考　　人倫關係 / 父權家長制 / 關懷 / 理解 / 性別平等 / 多元家庭
相關篇章　　　友誼　　愛情　　幸福　　自卑

家庭預設了婚姻制度，也可以說，婚姻就是家庭的開始。這張畫叫做《阿諾菲尼的婚禮》（*Portrait of Giovanni Arnolfini and his Wife*），畫中二人正是新郎和新娘，是十五世紀時北方文藝復興畫家范代克（Jan van Eyck）的名作。畫家除了描繪證婚的場面，還加入不少有象徵意義的物件，例如新郎和新娘之間的小狗正代表着對婚姻的忠誠，窗前的橙子則象徵婚後多子多孫，還有新郎和新娘的兩雙鞋，新郎的鞋向外，而新娘的鞋向內，這不就是男主外，女主內的性別角色象徵嗎？

《阿諾菲尼的婚禮》（1434）

作者：范代克
原作物料：油彩
尺寸：82 × 60 cm
現存：倫敦國家美術館

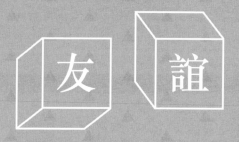

友誼

真正可以選擇的愛，
就只有友情。

記得讀幼稚園時經常跟兩個同學一起玩，小學時比較多，有十多個，中學時也有幾個要好的朋友。雖然小學的朋友到讀中學時還有見面，但漸漸也疏遠了。似乎朋友只是階段性的，不過仍然很懷念那段在一起的時光，特別是聖誕節時到同學家裏開大食會。

的確，我們的兒時朋友大部分都是同學，大家經常見面，有共同話題，若對方不是太討厭或自私的話，很自然就會成為朋友，但通常我們只跟同性別的人交朋友，因為一旦和異性在一起，會怕被人取笑，但這樣做卻只會強化性別的差異。其實小時候多些跟異性交朋友是有好處的，至少讓我們比較了解異性。雖然說我們很容易跟同學成為朋友，但為甚麼會跟這幾個一起玩，而不是另一些同學呢？就是因為大家有着共同的興趣，例如小學時跟我要好的朋友大部分都喜歡踢足球。

跟要好的朋友在一起雖然十分開心，但有時又會產生「黨派」問題，這種事情在小學已經出現。我讀小學時班中就有兩大「幫派」：興仔幫和柱仔幫，幸好排斥性不算嚴重，我屬於興仔幫，但也會跟柱仔幫的同學玩，阿興和阿柱分別就是兩幫的「首領」，見識比一般同學多，經常出主意，連樣子也比較成熟。

愛 與 人 生 階 段

人類之間的愛主要有親情、友情和愛情。親情是親人之間的愛，如父母對子女之愛；友情是朋友之間的愛，小孩子上學也就是友情的開始；愛情則是戀人之間的愛，最早出現於青春期。

自愛	初生嬰兒，這是愛的起點
親情	孩子得到父母的照顧
友情	上學之後，開始交朋友
愛情	到了青春期，懂得談戀愛
上帝之愛	年紀再大一點，思考存在根源跟自身的關係

朋友之愛

古希臘人稱友愛為 Philia，但這種愛不一定只存在於朋友之間，也可以存在於夫婦、父子、師生之間。在美國社會，子女待父母如朋友，這種情況在中國人的社會比較罕見，因為我們太重視人倫關係的界線，不過，我們卻會將朋友當作親人，例如有所謂「結拜」和「上契」。有人說，異性之間不可能有真正的友情，我想這句話很大程度是真的，若異性朋友有着共同的興趣，很快就會發展出愛情，除非雙方早就心有所屬，又或者某一方欠缺吸引力。我懷疑在神靈的世界，已經沒有了親屬和情人，只有朋友的關係，也即是說，神靈之間的愛就是友愛。

雖然親情和愛情也可存在友愛的成分，但跟友情明顯不同。比起親情和愛情，友情是最不自然、最不本能性的。在人類的情感中，友情不是生存的必需品，沒有愛情，就不應有孩子出生（當然，沒有愛情也可以交合，產生下一代）；沒有親情，孩子也不能健康成長（當然，孤兒院的孩子也可以長大成人），有人甚至懷疑友情可否稱得上是愛。對現代人來說，友情的重要性不及愛情和親情；然而，古代社會卻推崇友情，孔子、亞里士多德和伊壁鳩魯（Epicurus）都重視友情，伊壁鳩魯甚至認為友誼是幸福人生的構成要素，他說：「智者受到酷刑的痛苦比不上摯友受酷刑的痛苦。」朋友受苦，比自己受苦更難過，恐怕現代人不會這樣想。羅馬時代的哲學家西塞羅（Marcus Tullius Cicero）更寫了一本談論友誼的書，這本書正是獻給他的好友阿提庫斯（Atticus）。中國古代也有所謂「士為知己者死」及「得一知己，死而無憾」的說

法，電影《投名狀》中描述朋友之間的愛，就有這樣的對白：「但願同年同日死」及「殺我兄弟者必殺之」，想來這種朋友之愛也真有點恐怖。某個意義下，友情是三種愛當中最理性的，因為朋友是自己選擇的，志同道合才會成為朋友。人說愛情是盲目的，雖然有點誇張，但愛情的產生通常都是不由自主，有時甚至失去理智；親情就更不用說了，天生就是這樣的父母兄弟，根本沒有選擇的餘地。

為何需要朋友？

人是社會的動物，我們活在一定的人際關係之中，沒有一個人可以獨自生存；但是，人可以沒有朋友嗎？那些孤獨的人不就是不需要朋友嗎？當然，先要釐清一下「朋友」的意思，朋友是一個含混的概念，它的使用範圍並沒有明確的界線，由初相識到知己，從兒時玩伴到多年深交，都可以說是朋友。而那些所謂孤獨的人，也不是沒有人認識，只是沒有深交而已。其實孤獨的人多數並不喜歡孤獨，只是沒有人願意跟其交往，正如西塞羅所言：「人性不喜孤獨，友誼使人的生命有尊嚴和甜美。」亞里士多德也說：「沒有人會選擇不要朋友，即使他擁有其他美好的東西。」至於那些孤獨的哲學家，問題正是難以找到心意相通的朋友。不過，哲學家能夠孤獨，甚至有時需要孤獨，不同於被迫孤獨的人。人的確需要朋友，因為跟朋友在一起會很愉快，大家一起吃

喝玩樂，有共同的話題，有煩惱時可互訴心事。雖然朋友不一定可以幫忙我們解決問題，但有人聆聽，心裏總會好過一些。朋友也是我們學習的對象，就像一面鏡子，讓我們認識自己，正如亞里士多德所說，朋友就是另一個自己。直到現在，我還是很懷念小學時跟同學一起做功課的日子，大家互相幫助，一起解決問題。孔子也認為朋友對於學習有很大的幫助，朋友的優點，固然值得我們學習，朋友的缺點，也值得我們反省，看看自己有沒有這些問題，此所謂「見賢思齊焉，見不賢而內省也」。

亞里士多德將友誼區分為三種：純友誼（建基於德性）、效益友誼（建基於利益）、娛樂友誼（建基於嗜好）。所謂娛樂友誼就是指那些吃喝玩樂的朋友，也可以說是有樂趣的朋友，這樣的朋友不需要很多，只是用來調劑一下平淡的生活；效益友誼指的就是可以互相幫助，得到好處的朋友，這樣的朋友可助我們事業有成；至於純友誼的就是德行朋友，也是亞里士多德認為的真正朋友。有德行的朋友會彼此祝福，真心為對方好，結交德行朋友，雙方的才德都會有所提升，這種友誼也最堅固。西塞羅認為，不同於樂趣朋友和好處朋友，有德之人互相吸引，友誼不是來自利益的結合，而友誼必須堅守的原則就是忠誠、坦率和態度親切。友誼與德性為伴，朋友就能互愛互敬，人性在友誼中得以彰顯，幸福亦得以實現。

對亞里士多德來說，友誼不只是私人關係，也有政治的含意，因為友誼是國家的至善，也最能抵抗革命，這一點在現代社會有點難以想像。相反，統治者（尤其是專制的統治者）就不希望有那

麼多有鞏固友誼的團體存在，因為這些都是潛在的反對勢力。

有一句話叫做「在家靠父母，出外靠朋友」，朋友會像家人一樣支持和幫助我們；但其實在成長的階段，朋友更是不可或缺的，家人給我們的照顧是物質方面，而朋友則多是精神方面，家人不了解你，但朋友會了解你，正如前面所說，志同道合的才會成為朋友。對某些人來說，朋友甚至比家人更加重要，因為朋友就是伙伴，一同前行。在早期的成長階段，父母是孩子的認同對象，但當孩子進入學校之後，就會結交朋友，朋友互相需求，從中也學會尊重，在這個階段，誰都有所謂「死黨」。朋輩的活動以玩樂為主，大家的關係是對等的，跟對老師和父母的服從關係不同，也沒有代溝的問題，所以朋輩非常有吸引力，也是認同的對象。對青少年來說，朋輩的認同十分重要，因為朋友可以幫助我們建立自我，所以我們對朋友的評價特別敏感；可是，若交上壞朋友就有可能一起做壞事，這就是為甚麼西塞羅一再強調要交良善的朋友。

亞里士多德指出，不同階段的朋友，有着不同的作用，年青時的朋友可以防止我們犯錯，因為良善的朋友為我們提供榜樣，也會勸導我們；成年時的朋友可以幫助我們事業成功，因為他們是商量或合作的伙伴；老年時的朋友則可以幫忙照顧，尤其是現在單身人士越來越多，年老時更需要朋友。孔子也說，若朋友死了，得不到安葬的話，我們就有責任辦理其身後事。但是，如果我根本不喜歡這個朋友，是否也有責任呢？康德認為你仍然有責任，即使你討厭某個朋友，但如果他生病進了醫院，你還是有責任去探望他。

不同階段的朋友

兒童	建立同等的關係，學習忠誠、平等的價值觀
青年人	獲朋友的肯定和認同，建立自我
成年人	事業上得到朋友的支持
老年人	衰弱時得到朋友的照顧

朋友之道

友誼跟愛情一樣，也有三步曲，那就是交友、相處和終結。首先，甚麼人值得交朋友呢？在儒家思想中，朋友是五倫之一，孔子和其弟子也談了不少交友之道，孔子的學生曾子有一句話，「君子以文會友，以友輔仁」，意思是要結交志同道合的人，互相輔助，導致仁的境界。孔子也提出一個交友的標準：「無友不如己者」，意思就是不要跟不如你的人交朋友，甚麼不如？當然主要是指道德和學問，一言以蔽之，交朋友有着數，因為可以向比自己優勝的人學習。但這裏有一個問題，如果人人都按孔子的原則來結交朋友的話，則大家都交不到朋友；因為我們固然不會跟不如己者交朋友，但那些比你優勝的人也同樣不會跟你交朋友，孔子這句話似有自我推翻之嫌。不過，以上只有邏輯可能性，經驗上不會有這個問題，因為一般人都有優點和缺點，即使局限於品德方面也是一樣，我學習朋友的優點，朋友也可以學習我的優點，雙方皆可得益。當然，如果一個人只有一大堆缺點的話，可

能就不值得結交。

有關交友之道，孔子的學生子夏也説了一句話，「可者與之，其不可者拒之」，意思是不要胡亂交朋友，跟「無友不如己者」的説法相容；但孔子的另一個學生子張則提出了不同的觀點，「君子尊賢而容眾，喜善而矜不能」，結交朋友，對於有道德學問的人應該尊重，對於道德學問差的人應該包容。

孔子認為擇友要十分小心，應該選擇益友，避免結交損友，因為益友令你向上，損友使你墮落。釋迦牟尼則認為，若結交不到有德行的朋友，就寧願獨行，就像獨角獸一樣。

孔 子 的 益 友 v s 損 友

益友	損友
友直：正直	友便辟：諂媚
友諒：守信	友善柔：虛偽
友多聞：學識廣博	友便佞：巧言

結交朋友最重要的是真誠，孔子説：「匿怨而友其人，左丘明恥之，丘亦恥之。」意思是憎恨某人，卻將仇怨埋在心裏而去結交此人，孔子不屑於這種行為，他最討厭巧言令色的人。西塞羅也認為，虛偽奉承、討好諂媚會破壞友誼，因為欠缺了真誠，這樣的友誼就毫無意義。

朋友理應互相幫助，但若雙方在優勢上有明顯差異的話，西塞羅認為友誼中較具優勢者盡可能幫助較弱的一方，但要考慮自身的能力及對方會否接受，包括對方的感受，例如會否感到自卑。

我認為，朋友太親近其實不好，依賴也不好，人應該保持獨立性，朋友之間宜保留一點距離，而且要慢慢建立友誼，互相了解，那些所謂一見如故，馬上成為好朋友的人，往往會分開收場，正所謂「君子之交淡如水，小人之交甜如蜜」。

朋友有過錯又如何呢？孔子說：「忠告而善道之，不可則止，毋自辱焉。」意思是應盡心規勸朋友，但要適可而止，否則就會自討無趣。西塞羅則認為，朋友犯錯，告誡要率直誠懇，切勿曲從附和，不助友為惡和不唆使朋友為惡是友誼的守則。

西塞羅的友誼守則

▷　友誼建基於德性
▷　為朋友擔憂是自然和必要的
▷　不助友為惡和不唆使朋友為惡
▷　朋友犯錯，告誡要率直和誠懇

在〈嫉妒〉那一篇，我們談到朋友之間容易出現嫉妒，前面說過，朋友是志同道合，有共同的追求，但如果一方的成就比另一方高，後者很有可能產生嫉妒。也許有人說，真正的友情是不會有嫉妒的，真正的愛情也不會懷恨，但這只不過是理想的友情和愛情罷了。朋友和敵人似乎是兩個相反的概念，但其實也有亦敵亦友的關係，藝術家和運動員尤其如此，例如著名藝術家畢加索（Pablo Picasso）和馬蒂斯（Henri Matisse）就是這樣，馬蒂斯比畢加索年長，畢加索初到巴黎時，馬蒂斯已經成名，但他一眼就看出畢加索這個年青人非同小可，兩人經常聚會，但卻緊釘着對方的畫作，暗地裏進行較量。畢加索的立體主義名作《阿維儂少女》

（*The Young Ladies of Avignon*）就是用來回應馬蒂斯的《生之喜悅》（*The Joy of Life*），這樣既是競爭對手的朋友，正好互相激勵。

一般來說，友誼比愛情持久，但友誼也可能有終結之時，例如朋友犯了不可原諒的錯誤、遭到朋友的背叛、吵架至反面、彼此政治立場不同、利益上的衝突等等。但正所謂「君子絕交，不出惡聲」，這是最好的處理方法，說不定將來可以一笑泯恩仇，再做朋友。我自己就有這樣的經驗，曾經有兩個朋友向我借錢，並承諾到期會還錢，可是，一個要追數多次才還了部分，另一個則不知去向。經過這兩次之後，我現在的想法是，如果真的借錢給朋友，就不要期望對方會還錢，否則，朋友向你借錢，就會失去朋友，當然，也不一定要借錢給朋友。但如果是我向朋友借錢，就一定要緊記還錢。

友誼三步曲

交友	結交良善的朋友
相處	真誠，提防嫉妒之心
分開	不出惡聲

友情的墮陷

如果拿友情和愛情比較，友情的排他性比較少，朋友圈加入了新成員，往往會豐富它的內涵，就好像我多年前跟幾個朋友組成了讀書組，大家輪流定期報告，期間加入了一些新成員，每個人都有所專精，增加了討論的角度，大家可以分享的東西就會更多。不過，友情的排他性不在於朋友圈內的人，而是朋友圈以外的人，在這個讀書組就有一位成員，經常以高級知識份子自居，從他的談話中，總感覺到他有意無意間貶低普羅大眾，當然，在哲學和藝術這些領域我們所知的會比一般人深入，自然產生了一種優越感，但若讓它過度膨脹，就會變成排他性的小團體。這種情況在藝術圈特別普遍，一來藝術沒有大家認同的普遍標準，同類風格或形式的藝術家就會結合成團體，攻擊敵對的團體，爭取更大的利益，變成了山頭主義，結黨營私。

說到結黨，我想起了中國歷代的黨爭，其慘烈之處，簡直是觸目驚心。友誼雖然好，但卻會產生結黨的問題，排斥異己，說來好像有點誇張，外國有些公司明文禁止員工交友，就是要防止這種事情發生。學校的欺凌問題，其實也是結黨之害，欺凌總是一班人欺負受害人，欺凌團體通常都有首領，成員多是服從首領的吩咐，而加入欺凌團體的青少年，有些最初也是欺凌的目標，為了自保，才加入了欺凌團體。參與欺凌，既得到保護，又有歸屬感，他們不一定喜歡欺凌，但在羣眾壓力下，也不得不從。欺凌是邪惡的，而且會變得越來越邪惡，欺凌集團有可能演變為童黨，做偷竊和搶劫之類的勾當，影響治安。欺凌也會變本加厲，

甚至會有虐殺受害人的事件發生。

或許有人認為欺凌團體並不存在真正的友誼，真正的友誼是建基於德性，有德之人不會做出害人之事；然而，在中國歷代的黨爭之中，不少知識份子都是嚴於律己之人，但結黨的排他性依然存在。

朋友的多樣性

前面我提到亞里士多德將朋友分為三種，德行朋友、好處朋友及玩樂朋友，只有德行朋友才是真正的友誼。但有兩點我想補充的，首先，我認為這個分類並非互相排斥的，德行朋友同時可以是好處朋友及玩樂朋友，亦可以是開始的時候是好處朋友或玩樂朋友，但慢慢發現對方的德行，變成了德行朋友。其實我們的朋友往往混合了這三種成分，有些朋友雖然以玩樂為主，但也可以兼有其餘兩種成分。當然，亦只存在純粹玩樂的朋友，俗語所謂「酒肉朋友」。亦有人認為德行朋友一旦涉及利益就不純粹，但我的看法是，如果因為利益衝突而有損友誼，這表示他們的德行尚有改進的空間。的確，所謂德行朋友也可以有程度之分。第二，我並不同意將德行朋友稱為真正的友誼，因為這種說法會令人以為這個分類是排斥的，而且有可能將好處朋友及玩樂朋友看成是假友誼，使人輕視之，我認為好處朋友及玩樂朋友都是友誼，只是理想的友誼必須指向德行。

以為只有德行友誼才是真正的友誼會令我們脫離現實，排斥好處朋友和玩樂朋友。玩樂的朋友其實也不錯，懂得攪氣氛，出主意，玩樂有甚麼不好呢？人生多些歡樂不是很好嗎？而我們要在世間取得成功，其實也少不了好處朋友，好處朋友的範圍很大，包括所有可以幫助你成功的朋友，其中比較重要的有工作上的伙伴。還有一種很特別的朋友，可以是我們的老師輩，或那些比我們年長和優秀的朋友，這類朋友可拓展我們的視野，為我們指示前路，有他們的指導，我們就可少走冤枉路。雖然說朋友是對等的，但對於這類師長型的朋友，我們對他的愛和尊重要多一些，這才合乎比例。

事實上，這個世界存在着各式各樣的人，認識不同的人，了解他們的看法，跟他人相處，也正是了解自己的好方法。人一方面有平等性，另一方面有差異性，通過交朋友，就容易了解人的差異性。別輕視德行朋友之外的朋友，即使是點頭之交，也是一種朋友，點頭就是尊重。

朋友的種類

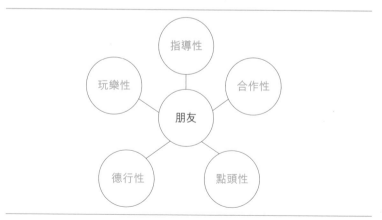

梵谷（Vincent van Gogh）和高更（Paul Gauguin）是後期印象派的兩大畫家，其作品特色就是將色彩和線條由傳統的再現性繪畫中解放出來。梵谷和高更曾是好友，並一同居住，這件作品《梵谷畫向日葵》（*The Painter of Sunflowers*）就是同住期間高更為梵谷畫像，這幅畫正好見證兩人的友誼。不過有一次雙方爭吵，高更一怒之下離開，精神異常的梵谷竟為此割下部分耳朵，兩人的友誼也就終止了。

《梵谷畫向日葵》（1888）

作者：高更
原作物料：油彩
尺寸：73 × 92 cm
現存：阿姆斯特丹國家博物館

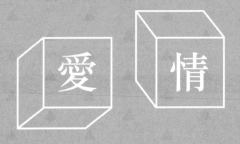

愛 情

為甚麼要海誓山盟？
因為愛情易逝。

讀中學時，一個常見的辯論題目就是「中學生應否談戀愛」，這正反映出大家的興趣所在。但其實早於小學五、六年級，我們就已經對異性發生興趣，還記得讀中一時，就經常偷望一位女同學，後來終於鼓起勇氣打電話給她，其實當時也不知說些甚麼，可能是借筆記之類，但電話響了很久都沒有人接聽，最終可以放下電話，舒了一口氣。

現在當然再沒有人討論「中學生應否談戀愛」這個題目，因為社會已經接受了中學生拍拖，大部分小說、電視、電影和流行曲都有愛情的元素；然而，自由戀愛其實是近代的產物，啟蒙運動後中產階級興起，反對貴族式的門當戶對，以利益計算的婚姻，其後的浪漫主義更為愛情增添浪漫激情的色彩。但自從自由戀愛出現之後，我們就不可再將不幸婚姻怪罪於「盲婚啞嫁」，因為戀愛和結婚的對象都是自己選擇的。戀愛的對象真的是自己決定的嗎？愛情往往是不由自主的，很多人不知不覺就墮入愛河，就像中了丘比特的神箭。但科學家告訴我們，那其實不過是荷爾蒙作怪，主要是受着多巴胺和腎上腺素影響，這個時候我們只會想着對方，正所謂「神魂顛倒」，也有如林子祥《分分鐘需要你》這首歌所描述的一樣。真相或許是，當那一刻荷爾蒙分泌得多的時候，你碰上誰就容易愛上誰。熱戀時的誓盟，會說愛你一生一世，這當然是真的；但後來愛的感覺消失，要分手了，也是真的。

愛情至上？

在人類的所有情感之中，相信愛情是最濃烈的一種，也最令人陶醉，我們會感受到浪漫和激情，人也突然間變得無私，以對方的幸福為自己的幸福，我們彷彿都成為了教徒，那是愛情的宗教，難怪柏拉圖會稱之為神聖的瘋狂。激情正是創造力的源頭，熱戀

中的男性都會自動變成詩人。由此可見，愛具有創造性，可以令人變得更好。叔本華說激情是一股強大的力量，最後會完全主宰了意志。巴斯卡（Blaise Pascal）則認為激情不一定是盲目的，他說：「人的精神越崇高，他的激情也越強烈。」精神正是理性和感性的結合。有趣的是，巴斯卡不但說人的本性是理性，也說人的本性是激情，並且說：「當人向激情投降時，才能順從理性。」

可是，愛情這種激情狀態不會維持得太久。也許是受小說和電影的影響，我們很容易將浪漫激情等同於愛情或愛情的核心，《鐵達尼號》（Titanic）這部電影之所以受歡迎，正由於它有短暫而轟烈的愛情。大學時候，那些熱戀中的男女會被冠以「雙頭怪」之名，意思是他們經常出雙入對，心中只有對方，沒有別人，佛洛姆稱之為「成雙成對的自我中心」。雖然戀愛打破人我的界限，是一種愉快而獨特的經驗，但問題是它會令我們變得視野狹窄，只陶醉於二人世界之中。這種理想化的世界其實無法持久，我們必須面對現實。不過，有人卻認為這只是迷戀，不算是真正的愛情。著名的家庭婚姻治療師路芙（Ruth Greenfield）主張愛情需要學習，共有四個階段，她將「迷戀期」視為愛情的初階，在這個時期戀人會美化對方，正所謂「情人眼裏出西施」，完全看不到對方的缺點，也不理會旁人的勸告，愛情令人盲目就是指這個迷戀階段。但當大家相處久了，就會清醒過來，需要面對現實，認清對方的缺點，荷爾蒙已經完成了它的工作，接下來就要靠我們自己。

路芙稱下一個階段為「後迷戀期」,她指出,我們發現戀人所具的缺點,也往往是自身的缺點,所以這不但是戀人互相了解,也是認識自己的好時機,很多情人分手就是過不了這一關,正所謂「因了解而分手」。若能安然度過「後迷戀期」的話,戀人就會進入「發現期」,我們要學習了解彼此的需要,也要學習讓對方了解自己的需要,這樣大家就有條件共同生活。最後一個階段是「相連期」,戀人會建立鞏固的關係,願意承擔長久的責任。我認為這是一種相依為命的關係,也是互相託付,就好像信託上帝一樣。我們常說愛情是浪漫的,但只注意到激情的一面,卻忽略了永恆也是一種浪漫,二人能夠相愛一世,也算是一種浪漫。

愛情四階

迷戀期	受荷爾蒙影響,激情投入
▽	
後迷戀期	面對現實,認識對方的缺點
▽	
發現期	了解雙方的需要
▽	
相連期	建立鞏固的關係

那些認為迷戀不是真正愛情的人,大抵也會同意路芙所講的「相連期」才算是。但路芙所講的愛情發展不過是一種理想,很多人即使結了婚,也可能只停留在第二個階段,但為甚麼不離婚呢?可能是礙於世俗的規範,也可能是為了子女的成長,但更大可能的是離婚的成本太高。

愛的真諦

愛情既然是愛的一種，要了解甚麼是愛情，其中一個方法就是先認識愛是甚麼，然後再看看愛情跟其他的愛如親愛、友愛等有甚麼分別。

我認為愛有雙面性，就是需要和給予。人需要愛，因為人害怕孤獨，需要他人的關懷，也需要親密穩定的關係，人被愛，自我價值亦會得到肯定。從這個角度看，人之所以追求愛，就是有所不足；正如哲學的原意是愛好智慧，由於人沒有智慧，所以才需要追求智慧。這樣說來，好像需要就是被愛，而給予就是施愛；但兩者其實不可分，因為施愛也是一種需要，即使愛得不到回報，我們還是會這樣做，原因正是我們需要去愛。我碰過一些很孤僻的人，沒有甚麼親朋，甚至不會跟人打招呼，但卻會飼養寵物，對他們來說，這就是施愛的對象。

但愛的具體內容又是甚麼呢？那就不得不再引用愛的權威，耶穌的說話：「愛是恆久忍耐，又有恩慈；愛是不嫉妒，愛是不自誇，不張狂；不作害羞的事，不求自己的益處，不輕易發怒，不計算人的惡。」這也可以說所有愛的最高標準，不妨稱之為上帝之愛，這是一種無私的愛，儒家所講的仁愛、墨家所講的兼愛、佛教所講的慈悲，都可以說是這種無私之愛的不同表達。愛上帝就是要實踐上帝之愛，給予他人無私的愛，所得的回報就是更加接近上帝。對上帝之愛是一種完全投入的愛，這一點跟愛情相似，愛情不就是要跟戀人結合成一體嗎？在這個意義下，愛情可以讓

我們一窺上帝之愛。

可是，有人卻將這種上帝之愛視為最理想的愛情或真正的愛情，但這樣做其實是要求太高，也可能帶來災難。舉個例，有時我們會說愛是無條件的，但愛情真的是無條件嗎？試想想為甚麼我們會愛上 A 而不是 B 呢？往往就是 A 具有吸引我們的品質，這不就是條件？我們可以毫無原因，單憑意志去愛一個人嗎？恐怕不可以。這種愛情無私論又會主張，愛一個人就要接受他所有缺點，因為愛是包容的，這種主張往往對人造成很大的壓力，因為當我們認清對方的缺點接受不了而提出分手時，就會被判定為不是真正的愛情，為了愛情我們必須犧牲，這種愛情道德主義跟時下一些愛國主義根本沒有兩樣。愛情也容不下第三者，在愛情裏，嫉妒有一定的合理性，以為嫉妒就是不包容，明顯是將愛情過分理想化。

愛情、親情和友情都是愛，但只有愛情叫做戀愛，「戀」也正是愛情跟親情和友情的分別，戀的意思是牽引，而戀也可以了解為因仰慕對方而產生的情感，所以有所謂「單戀」，戀愛也就是二人互相仰慕，互相關懷。

愛情雖強烈，卻短暫，也最需要保證它是天長地久的。我並不是說情人的誓言都是謊話，只是愛情易逝，才需要承諾。沒有母親會發誓照顧自己的子女，因為它是自明的，說出來是多餘的；也沒有朋友會出口保證有困難一定幫忙，這也是心照不宣，不用說出來。佛洛姆認為，愛的真正意義就在於跟他人融合，與親情和友情相比，愛情是最徹底的融合。完滿的愛情就在於融合之餘，

又可保持人的個性。像友情一樣，愛情也可以令雙方的才德有所提升，某程度上，愛情能使人完善，令自己變得更好，配得上戀人的愛。

愛情的六種成分

比起友情和親情，愛情要繁雜得多，古希臘人將愛分為六種，都跟愛情有關。

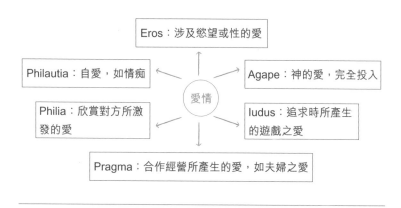

愛情雖然美好，但有時又會帶來痛苦、憎恨、嫉妒，甚至毀滅；認識愛的另一面，將有助我們避免因愛所產生的不幸。當然，我們都想將憎恨和嫉妒從愛中剔除，以提升愛的質素。憎恨和嫉妒當然不好，但兩者的成因不同，恨的產生通常是由於我們從愛中得不到回報，例如你的情人背叛了你，甚至做出傷害你的行為，在這種情況下，你很自然會憎恨他，因為你的愛得不到相應的回報。愛情也容不下第三者，只要見到情人跟其他異性談得很投契或單獨約會，我們的嫉妒之心也會自然而來。當然，我們要區分合理的嫉妒和不合理的嫉妒，例如見到丈夫跟別的女子聊天就呷醋，那就是不合理的嫉妒。愛情具有排他性，也是愛情跟友情和

親情的分別。憎恨和嫉妒的另一個相異之處，就是從憎恨中可以得到快感，而嫉妒則純粹令自己痛苦；所以在某個意義下，戀人分手互相憎恨是好事，因為可以減少失戀的痛苦。

愛與性

在不同種類的愛之中，只有愛情涉及性。柏拉圖在《饗宴篇》（*Symposium*）說上古時代的人是雌雄同體，是有四隻手、四隻腳的生物，由於激怒了天神，被天神一分為二，變成男人和女人，從此之後，人就要追求自己的另一半，重回完整，所以愛情不但是精神的合一，也是肉體的合一，肉體的合一就是性。另外，柏拉圖在《菲德魯斯篇》（*Phaedrus*）用駕御馬車來比喻愛、性和靈魂三部分的關係，御車者代表理性，白馬代表意志，黑馬代表情慾。當遇到美麗的愛人時，白馬要奔向理型世界（現象世界的事物皆有其「理型」，理型是完美和永恆不變的），而黑馬則要向下奔馳，跟愛人結合，獲取情慾的滿足，所以御車者必須控制黑馬，在白馬的協助下，向上奔馳。柏拉圖認為，愛跟不朽也有密切的關係，愛美和生殖結合，產生下一代，這種延續也可以說是追求不朽，而藝術家追求的則是精神上的生殖，作品留存於世，那是另一種不朽的追求。柏拉圖認為，愛是能夠令我們的精神上升，愛美德勝於愛美的身體。可能是受了柏拉圖思想的影響，有人主張愛情是神聖的，但性卻是污穢的，所以性慾越少的愛情就

越高貴。但我認為，柏拉圖並非否定性慾，而是肉體之愛需要更高的知識（即理型）來提升。

基督教認為，性只限於夫妻，婚前性行為和婚外性行為都是不道德的。在傳統的社會，性和生育有直接的關係，婚前性行為和婚外性行為都不利於養育下一代，因為這樣會導致非婚生的子女，孩子在家庭中成長才是最健康的。但現代社會的避孕技術已相當成功，又有人工受孕，使得性和生育可以分離，我們可以享受性的快樂而無須承擔養育下一代的責任。

當代哲學家艾倫‧戈德曼（Alan Goldman）主張性愛分家論，他認為，性行為跟愛、生育和婚姻沒有必然關係。性行為只是滿足性的需要，沒有愛情的性交並沒有問題；而愛意也不一定要透過性行為來表達。當然，強姦是錯的，因為這是強迫人做自己不願意的事，並且會帶來傷害；婚外性行為也可能是錯的，因為這涉及欺騙伴侶的問題。換言之，只要將一般人際關係的道德規範，應用到性關係就可以了。戈德曼還認為，性愛分家有助於愛情和婚姻關係的穩定，因為這樣我們就不會將性慾和愛情混淆，也不會為了滿足性慾而結婚。

但我很懷疑戈德曼這種性愛分家論，先不論道德的問題，而是實踐上是否可行。試想像一個既有愛人，同時又有很多性伴侶（沒有愛成分）的男子會是怎樣，我認為會破壞他和愛人的關係，至少會影響愛情的質素。專一是產生美感的重要因素，對愛人的專注，會產生一種忘我的幸福，我懷疑這個人能否感受這種幸福，我也懷疑他跟其他女子是不是真的只有性而沒有愛。我不懷疑有

人可以有那麼多性伴侶，但有那麼多性伴侶卻不會纏身或招惹麻煩，似乎不大可能，歷史上似乎就只有唐璜（Don Juan）一個例子。

我也懷疑，愛與性的結合，性與生殖的聯繫，都是上帝對人類的試煉；因為人的很多煩惱都是由此而來。其實上帝可以創造出無性繁殖的人類，就像《龍珠》這部漫畫中的那美星人，都是由大長老的身體分裂出來，成為個別生命，即是單性繁殖。也許煩惱和衝突正是我們修行的食糧，上帝這樣做正是要鍛鍊我們的靈魂。

愛情三部曲

以上多從理論或理想的角度來討論愛情，這一節我們會比較站在實踐或現實的層面出發，探討如何處理跟愛情有關的主要問題，那就是追求、結合和分離，我稱之為「愛情三部曲」——求、結、離。求是追求，也許有人覺得這是站在男性的角度出發，但其實追求愛情無分男女，當然，即使在自由平等的現代社會，大部分人仍然認為男性應該採取主動，所以我講的也主要是有關男方的追求。我是讀哲學的，也是教哲學的，根據我的觀察，讀哲學的人（以有碩士學位的算起），有一半以上是沒有結婚或戀愛的，我不知道比起其他學科，這個比例算不算高；我也發現，通常有興

趣課後問我哲學問題的學生，全部都是男性，並且大部分沒有女朋友。也許喜歡哲學的人太過強調理性，縱使有心儀的對象，但若沒有充分把握對方也喜歡自己，還是不敢行動。愛情是需要冒險的，害怕失敗而不作嘗試，固然不會失敗，但也沒法成功，理性反而是妨礙，因為它會編造不追求的藉口。

至於如何追求？李天命先生主張的「陰勇」甚有參考價值，意思是追求女性必須結合「陰」和「勇」，勇當然是指勇氣，記得我讀中學的年代，打電話給異性就必須鼓起勇氣，雖然現在時代不同，但勇氣還是需要的。陰是指暗地裏進行，因為太過明目張膽會引人注意，失敗得太多也可能會有損聲譽，不利以後的追求，而且你不知道身邊有多少個情敵，正所謂「情場如戰場」，敵暗我明也是對己十分不利，給你獻計的人可能正是你的情敵，還是小心為上。換言之，追求愛情就要主動出擊。

女性為保矜持，不宜主動追求，但可以用暗示的方式，例如經常出現在心儀對象的附近，甚至主動問好。但有時很奇怪，越是追求愛情，就越追不到，因為我們相信真正的愛情就是找尋自己的另一半，在茫茫人海之中找到那唯一的另一半，這個人是獨一無二的，正如之前所講的希臘神話。其實這種想法本身會限制了我們的選擇，加上大部分人都會先擬定好所謂理想的對象，比如說身高如何、收入如何、職業如何等等，不符合既定條件的人就置之不理，其實我們應該找的不是條件最好的人，而是最適合的人，適合與否往往要經過交往才能判斷。不過，我並不否定有所謂姻緣前生註定，在我們未投生之前，也許在形上界就選好了

伴侶，但可能還有後補的戀人名單，換言之，跟你有緣的人不止一個。

應如何吸引對方呢，那當然是先令你自己變得可愛，才可以吸引對方，大部分人的注意力都放在儀容方面，所以那些平時不好打扮，卻突然講究起來的人，很有可能就在求愛或熱戀之中。但其實除了儀容之外，談吐、學識、性格等跟吸引力也有很大關係。

結就是結合，即是共同生活，通常我們會以結婚為標記，我認為，戀愛的目的正是找一個能共度一生的人。康德認為，夫妻的關係是平等擁有的關係，婚姻必須由法律來規範，婚姻是一種契約，他說：「兩個不同性別的人，為了終身互相佔有對方的性器官而簽下的契約。」但黑格爾（G.W.F. Hegel）反對康德對婚姻的看法，黑格爾認為，婚姻不是由簽定契約來界定，而是基於男女雙方互愛互信的道德結合，這正是人性所在。齊克果說得更大，「婚姻是個人的終極目的」，齊克果頌讚婚姻，他認為這帶來了「生活的力量、信賴的至福及永恆的信念」，齊克果有着基督教信仰的背景，婚姻有天國作為福證，婚姻是解救愛情的唯一方法，上帝會讓婚姻將愛情提升到另一個層次，但諷刺的是，齊克果本人卻是一個逃婚者。對齊克果來說，婚姻有可能令我們找到安寧，活得更實在，這不就是幸福嗎？但是十三世紀的教皇英諾森三世（Innocent III）早就警告了我們：「伴隨婚姻而來的負擔是沉重不堪的。」無論我們對婚姻描述得如何神聖和合乎道德，總會有失敗的婚姻。

由戀愛到結婚，愛情的成分會有所改變，正如尼采所説：「婚姻不幸福，不是因為缺乏愛，而是因為缺乏友誼。」

戀愛　　　　　　　　　　　　　　　　結婚
遊戲之愛 ▷ 激情之愛　　　　　▷　　　經營之愛 ▷ 朋友之愛

比起戀愛，婚姻更加是一種冒險，因為兩個人共同生活是另一回事，經營家庭就好像做生意一樣，也有可能虧本。結婚既是一種承諾，也是一種保障，令人安定下來；但若雙方相處不來，也可能是困獸之鬥，互相折磨，彼此仇恨。有人説婚姻是戀愛的墳墓，對於某些人來講是真的，因為他們沒有準備進入結合這個階段，那是相依為命、共同經營的階段，你的情人已經變成你的合作伙伴，經營的利潤就是家庭幸福；若經營不善，可能就要倒閉，那就是離婚收場。

離是分離，婚姻失敗，離婚無疑是一種解脱的方法；然而，很多人到了離婚就會處於完全破裂的關係，互相指責，甚至反面，以往共同擁有的東西都要來一次大清算，這樣似乎有點醜陋。回想當初結婚時，那不是你的至愛嗎？即使婚姻到了無可挽救的地步，也應有些風度，盡量用平靜之心面對。

但離也可以是生離死別的離，當然，對於那些婚姻經營不善但又不想離婚的人來説，伴侶離世也可以説是一種解脱，這種情況以老一輩的人居多，因為離婚對他們來説是丟臉的，但以自己的幸福來換取面子，恐怕有點愚蠢。對於婚姻經營良好的人來説，面

對至愛的離世,又該如何處理呢?不妨這樣想,如果是你先離世的話,你的至愛就要面對你現在痛苦;現在幸好是你在生,那麼,伴侶就不需要承受你的離世之苦。

六種愛情

加拿大心理學家約翰・艾倫・李(John Alan Lee)將愛情分為六種,其中五種跟希臘講的愛有所對應,並配以六種不同顏色,處於鄰近色的愛情較接近,而處於對比色的愛情則是對立的,例如愛情至上的情慾之愛,是接受不了以愛情為工具的現實主義;而以互相了解為主的友愛,也跟佔有慾和嫉妒心強的狂熱之愛不合。

這件作品的名字是《連坐》，是我為結婚所創作的。「連坐」原是中國古代的刑罰，一人犯罪，家人和鄰居都要受罰，目的是要大家互相監視，並一同承擔責任。這裏借用來表達我對婚姻的看法，婚姻有可能是困獸鬥，互相折磨；但也有可能將兩人的關係提升到另一個層次，那就是更親密的關係，相依為命。

《連坐》(2010)

作者：梁光耀
原作物料：木
尺寸：91cm 高
現存：作者收藏

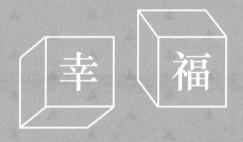

幸福

沒有人追求不幸，
所有人都追求幸福。

記得讀小學四年級時，有一次走在路上，無意中發現了地上有個一元硬幣，當時我信奉的人生格言正是「地上執到寶，問天問地攞唔到」，於是就用這一元買了一串魚蛋和一杯豆漿，還有錢剩呢！小時候家境不好，根本沒有零用錢，也很少有機會吃零食，當時那美味魚蛋和豆漿帶來的滿足，真的令我有幸福的感覺。

當然，如果每天都吃着美味的零食，那種幸福感就不會持續存在，正是難得有這樣的機會，帶點運氣，才會產生這樣的滿足感。但這只是一瞬間的幸福感，當然不可以稱為真正的幸福。但甚麼才是「幸福」呢？照字面解，「幸」是幸運，所以「幸福」帶有運氣的成分，就好像我當年偶然在地上拾到一元。很多人會認為，出生背景良好，擁有美滿的家庭，及收入不錯的工作，就是幸福，但這多少有運氣的成分，不能全憑個人的努力可成。不過，如果當事人突然遭遇意外，死於非命，我們還會說他這一生幸福嗎？又或者，如果當事人真正想做的是一個畫家，他未必會覺得幸福，幸運是否存在客觀的標準，還是須由當事人來確認呢？但能夠做自己喜歡的事就一定幸福嗎？梵谷和高更都是在 30 歲之後才決志成為畫家，但兩人都活在貧困之中，最後還以自殺收場，雖然今天已被尊奉為偉大的藝術家，畫作也賣上千萬，但可以說他們的人生幸福嗎？人生的幸福似乎是以整體而論，也很難說滿足某些特定的條件就一定幸福，比如說擁有三千萬，有錢而不快樂的人多的是。

我們都毫不例外地追求幸福，即使事實上有人走向不幸，但我們也不會說他是想追求不幸。然而，「幸福」是一個本質上有爭議性的概念，甚至比「自由」、「公正」和「藝術」等概念更具爭議性，所以「幸福是甚麼？」也有着各式各樣的答案，幸福是某種持續的客觀狀態嗎？還是純粹個人的心境呢？幸福真的可以追求嗎？德國詩人布萊希特（Bertolt Brecht）說：「人人都追求幸福，幸福卻藏於我們身後。」這是否表示刻意追求是得不到幸福，反而在不經意間幸福會自然出現呢？

現代有三部專門討論幸福的哲學著作,稱為三大幸福論,從不同的角度探討幸福,分別是羅素(Bertrand Russell)的《征服幸福》(*The Conquest of Happiness*)、阿蘭(Alain)的《論幸福》(*Propos sur le Bonheur*)及希爾提(Carl Hilty)的《幸福》(*Happiness*)。不過,我還是比較喜歡古代的思想,以下就讓我們先從亞里士多德的幸福論說起。

三大幸福論

作者	著作	重點
羅素 (英國哲學家)	《征服幸福》	主張專注於自己的興趣,剖析不快樂的原因
阿蘭 (法國哲學家)	《論幸福》	主張積極思考,凡事樂觀
希爾提 (瑞士哲學家)	《幸福》	主張心靈平靜,以基督教信仰為根基

亞里士多德的幸福論

亞里士多德認為,一件事物的目的就在於實現它的功能,例如醫療的目的是為了健康,法律的目的則是為了正義,但人生的目的又是甚麼呢?甚麼才是人的功能呢?亞里士多德指出,人的最高級功能就是理性,而理性也是人的本質;所以人生目的就是充分發展理性的能力,實現人的本質。

充分實現理性就是過着理智的生活，成就德性。亞里士多德認為有兩種主要德性，一種是知的德性，另一種是品格的德性；前者是理性的直接實現，例如智慧，後者是人的非理性部分如情感、慾望和意志等服從理性的指引，我們的理性會提出「適中」為標準，即無過和不及。以用錢為例，揮霍是過度，吝嗇則為不及，慷慨才合乎中道；又例如，魯莽為過，懦弱為不及，勇敢才是適中；驕傲為過，自卑為不及，謙虛才是適中；貪心為過，懶惰為不及，進取才是適中……根據這個標準，就可以列出一系列的德性如勇敢、謙虛、節制、進取、誠實等等。但問題是，擁有德性就是幸福嗎？

孔子的得意弟子顏回雖然生活艱苦，但依然快樂，這種樂正是德性帶來的精神快樂。正如孔子所説：「一簞食，一瓢飲，在陋巷。人不堪其憂，回也不改其樂。賢哉回也！」由此可見，德性涵蘊着快樂。即使具備德性，但若是貧病交加，像顏回一樣，也可稱為幸福嗎？我懷疑顏回之所以早死，就是由於長期營養不良。亞里士多德認為，德性只是幸福的基礎，是內在的善，還要配合外在的善如財富、地位、榮譽、健康、家庭和友誼等才算是幸福的人生。幸福有賴外在的條件，而這些條件要在社羣中才能實現，所以幸福的人生離不開社會和政治。內在的善屬於心靈，這是我們可以自主的東西，通過適當的訓練，就能培養出良好的品格。亞里士多德還説，能作理論觀照的人才享有最高的幸福，所謂「理論的觀照」，簡單來説，就是讀哲學；換句話説，最幸福的人就是哲學家。因為理性是人類最高級的機能，而理論的觀照則是

理性的最高活動，比起其他活動如運動和遊戲所得的快樂更為自足和持久。

幸福的要素

心靈	智慧、勇敢、正義和節制等德性	▷	內在的善
身體	健康、樣貌和運動技能等	▷	外在的善
身外物	財富、地位、榮譽、家庭和友誼等		

在亞里士多德之後，有兩個哲學流派開始盛行起來，一個是伊壁鳩魯學派（Epicureanism），另一個是斯多亞學派（Stoicism）。對「幸福是甚麼？」這個問題的解答，這兩個學派的影響力似乎比亞里士多德還要大，也許當時的政局（雅典衰亡，甚至淪為亞歷山大帝國的一小部分）令大家對政治沒有甚麼期望，亞里士多德的理想公民思想自然也不受歡迎；哲學家開始反求於己，探討如何在亂世之中安身立命，伊壁鳩魯學派和斯多亞學派就在這背景下發展出來，一直延續到羅馬時代。

幸福 = 快樂？

伊壁鳩魯學派的創立人是伊壁鳩魯（Epicurus），他主張人生的目的是追求快樂，避開痛苦。事實上，我們每個行為，最終都是為了快樂，例如為甚麼要讀大學，因為有了學位就可找一份好工

作，為甚麼要找一份好工作？因為可以賺多些錢？為甚麼要錢呢？因為有了錢就可以過舒適的生活，帶來快樂；但快樂並非一個達致其他目的的手段，它本身就是目的。由於主張人生的目的是追求快樂，所以伊壁鳩魯的思想被稱為享樂主義，那伊壁鳩魯是否一個縱慾主義者呢？

雖然人想追求快樂，避開痛苦；但由於缺乏理性的指導，反而往往招致更大的痛苦。例如好吃的東西會帶來快樂，但吃得太多，肚子受不了，就變成了痛苦。伊壁鳩魯認為慾望有很多種，有些是自然並且必須的，例如食慾；有些是自然但不是必須的，例如性慾；有些則是非自然的又不是必須的，是我們從社會中學習得來的，例如擁有權力和地位的慾望。可是，如果慾望得不到滿足，反而會帶來更大的痛苦；所以，伊壁鳩魯認為我們應該控制慾望，保持在自然和必須這個水平，追求心靈的平靜，那才是真正持久的快樂。

可是，人生在世，總有些痛苦是我們避不開的，例如疾病所帶來的痛苦，伊壁鳩魯也承認這個事實；不過，他認為亦有很多我們常見的痛苦是可以消除的，例如對於死亡和神靈的恐懼。伊壁鳩魯是唯物論者，他引用原子論去消解大家對於死亡和神靈的恐懼，萬物都是由不可分割的原子構成，除原子外，只有虛空，既然人的身體是由一堆原子組合而成，人死只不過是原子的解散，人死之後就不再存在，既無天堂，也無地獄，又何來恐懼呢？所謂的神靈不過是由原子組合而成，只是組合得比人更鞏固，不易解散而已，也同樣不足為懼。

雖然伊壁鳩魯主張追求快樂為人生目的，但他所指的快樂其實是心靈的平靜，一種不受騷擾的狀態，免於心靈的恐懼和肉體的痛苦；換言之，伊壁鳩魯認為人生應該追求一種高度的精神生活，而個人的德性（例如節制、思慮、正義等）和友誼都有助維持這種精神生活。伊壁鳩魯還教導學生如何提高專注力，感受當下，體會日常事物帶來的快樂，例如欣賞美麗的風景。伊壁鳩魯這種主張可稱為個人快樂主義，而十八世紀由邊沁（Jeremy Bentham）所倡導的功利主義也可以說是建基於快樂主義，但功利主義要追求的是最大多數人的最大快樂，可稱為利他的快樂主義。當時邊沁就創辦了倫敦學院，這是第一所接受女性、猶太人、異見人士為學生的大學，實質改善社會的不平等，為更多人帶來快樂。

伊壁鳩魯相信我們可以通過理性的計算，有效地節制慾望，但恐怕叔本華並不同意。叔本華認為，我們之所以不斷滿足一個又一個的慾望，就是因為背後受着盲目意志的驅使。當一個慾望滿足了，而另一個慾望未出現時，我們會感到無聊，所以他認為我們的人生就像鐘擺一樣，永遠在慾望和無聊兩邊搖擺，只有在藝術欣賞時，審美經驗才可令我們暫時擺脫盲目意志的支配，免受慾望的折磨。

近年興起了一門幸福經濟學，主張不應再以國民生產總值（GDP）為追求的目標，代以國民幸福總值（GDH）。某個意義下，幸福經濟學可說是伊壁鳩魯思想的現代版本，不過是多了統計數字的支持。根據有關的數據，經濟增長到一定的水平，再多

的經濟增長並不能增加我們的快樂。更多的財富只能令我們消費更多，但消費帶來的只是短暫快樂，擁有得越多有時反而會增加我們的煩惱。生活在現代的消費社會，一方面科技將我們的慾望解放出來，另一方面生產商又利用廣告創造需求，鼓吹消費，驅使我們購買根本不需要的東西。伊壁鳩魯的忠告在於，慾望的滿足並不能帶來真正的快樂，心靈的平靜才是幸福。

德性就是幸福

跟伊壁鳩魯學派一樣，斯多亞學派也是羅馬時代的重要哲學思想，當時的出色哲學家就有艾比克泰德（Epictetus）、西塞羅（Cicero）和塞內卡（Lucius Annaeus Seneca）。斯多亞學派的開創者是古希臘時代的芝諾（Zeno of Elea），他認為，宇宙有一永恆之火推動着萬物的運行，構成一個理性的秩序，人是沒有能力改變現狀，唯一可做的就是改變自己對世界的態度，接受一切都是命定的安排；所以，斯多亞學派認為人生在世應該「順其自然」，只有這樣，我們才不會被外物所牽引，因外物而憂慮。要改變我們的內心，首先就要改變我們的信念，正如艾比克泰德説：「擾亂人心的不是事物本身，而是我們對事物的判斷。」還有的就是培養德性，擁有智慧、審慎、正義、勇敢等德性，這樣我們就不會受情緒和慾望的支配，心靈得以平靜，這就是幸福。雖然説人的內心可以自主，但德性不是説有就有，德性的培養，就好像運動

員操練他的體能，必須通過努力和訓練才有所成，可稱之為精神的操練，現代心理治療就使用了不少斯多亞學派的精神操練法。

雖然伊壁鳩魯學派和斯多亞學派有着不同的宇宙論和價值觀，但有趣的是，兩者所追求的人生目的似乎差不多，就是心靈的平靜，不同的是伊壁鳩魯學派強調用理性對快樂進行計算，節制慾望；而斯多亞學派則重視德性的鍛鍊，有效地控制情緒。而為了保持心靈平靜，似乎不應向外追求，的確，我們之所以常常感到痛苦，不就是期望得不到實現嗎？降低期望，就不會遭遇挫折和失敗。然而，我們也無法享受成功帶來的幸福感，事實上，挫折和失敗也正是提升我們能力，令我們得以成長的東西。

不過，降低期望的批評對斯多亞學派並不十分公平，雖然艾比克泰德主張禁慾主義，但其他斯多亞派別並非如此。斯多亞學派的基本精神是幸福不應依賴外物，訓練內心不受外界影響，但並不表示我們不應追求個人的成就（這點跟一切都是命定的思想似有矛盾）。而事實上，斯多亞學派當中就有不少具傑出成就、有權力和地位的哲學家，例如塞內卡，既是皇帝的老師，也是元老會的議員，更是劇作家和富有的商人；又例如貴為皇帝的奧里略（Marcus Aurelius），不但創造了羅馬的繁華時代，更親自統率大軍上陣打仗。

自主的人生

斯多亞學派主張德性就是幸福，突顯了人的自主性，而尼采和存在主義則將人的自主性推向另一個高峰。

尼采雖然深受叔本華的悲觀主義影響，但將其藝術救贖觀應用到人生，變成了肯定人生的思想。尼采將人生當做藝術品，使它具有創造性和欣賞價值，那就是活出個人的風格，個人風格不在於標其立異，而在於培養出自己的獨特個性。這樣我們就會肯定生命，甚至熱愛命運，即使命運悲慘，我們仍然可以感到幸福，尼采提出了「永劫回歸」的觀念，那就是我們不斷重複自己的人生，但依然會肯定這樣的人生。然而，永劫回歸的思想實驗真的可幫我們變得幸福嗎？我倒是有些懷疑，但可強化我們的心靈，令它更有力量。存在主義者卡繆（Albert Camus）對西斯弗神話的解釋，跟尼采的「永劫回歸」有些相似，由於西斯弗得罪了天神，被懲罰每天都要重複將石頭推上山，看似荒謬和沒有意義；但卡繆認為，我們必須想像西斯弗是幸福的，那就是從沒有意義的生活創造意義，掌握自己的命運。

每個人的性格和能力都有差異，尼采認為，強迫每個人都接受同一套道德觀，就會壓制人性，也扼殺人的創造性。正如他所說：「你要變成你所是的那種人。」及「一個人必須發明對其生命及自我成長的德性及定言令式，否則的話就會對其生命提升有害。」尼采主張一種能夠提升生命價值的道德，所謂生命價值是以精神力量的大小來釐定，最理想的人是充滿生命力和創造力，不斷超

越自己的弱點和限制，他稱之為「超人」，而接近這種理想完型的有哥德（Johann Wolfgang von Goethe）和貝多芬（Ludwig van Beethoven），他們都是在文化和藝術上有巨大創造力的人。尼采的「超人說」其實是一種文化精英主義，只有少數人才能成為精英，不同於後來的存在主義所講的「存在先於本質」，尼采並不認同人可以不理會先天和後天的因素作出任意的選擇，創造自己的人生。

雖然每個人都有着不同的先天限制和潛能，並且每個人的自我成長目標都不一樣，但勇敢、真誠、孤獨和獨立這四種尼采推崇的德性，都有助人超越自己，實現理想。勇敢使人敢於冒險，創造新的價值；真誠的人不會自欺，能夠面對自己的弱點；孤獨和獨立能使人在羣體的壓力下，仍能保持自己的個性和見解。當然，這四種德性也是互相關聯的，例如真誠需要勇敢，否則人就難以面對殘酷的真相。從尼采的角度看，精神力量得到提升就是幸福。

本 質 與 自 我 實 現

傳統哲學	人有普遍的本質，人生意義就是實現人的本質
尼采	每個人都有其獨特的本質，自我成長就是將它實現出來
存在主義	人不存在先天的本質（普遍或獨特），人有自由成為他所想的那樣，人創造自己的本質

幸福的原理

對尼采來說,即使生活充滿痛苦,都可以是幸福的,我懷疑這正是尼采個人的寫照,因為他長期受到病痛的困擾,精神也有點失常。但對一般人來說,這種「幸福」似乎難以接受。

中國文化有所謂「五福臨門」,五福就是「壽、富、康寧、攸好德、考終命」,即是長壽、財富、健康、愛好品德、好死,這也是傳統中國人的幸福觀。不過,在現代社會,相信很少人會認為德性是幸福的必要條件,一般人比較重視人際關係、外在條件和享受方面。當然,具體的項目會因人而異,但一般來說,構成幸福的條件就有家庭、友誼、健康、安全、財富、成就、閒暇這七項。友誼和家庭屬於人際關係,健康、安全、財富、成就可歸入外在條件,而最後的閒暇則是享受方面。閒暇跟休息不同,閒暇是指我們擁有完全屬於自己的時間,做一些我們真正喜歡做的事,在人類的歷史上,哲學和藝術通常都是來自閒暇。這些項目可以存在相助或相礙的情況,例如友誼和家庭可以助你事業有成,實現個人成就;但有時我們為了追求財富,爭取個人成就,卻不惜犧牲家庭和健康。一般來說,健康、安全和財富這三項是有利於我們達致良好人際關係和個人成就的基本條件。

問題是,如何才能實現這些項目呢?我認為可以歸納為四個基本原理,那就是愛、知、反省和發展,這四個原理是「幸福科學」的教義,幸福科學是一宗教組織,但這四個原理可以獨立於其宗教信仰而被肯定。誰都希望得到別人的關懷、肯定和讚賞,但要

實現良好的人際關係，就要懂得施愛，而不是奢求過分被愛，以別人的幸福為自己的幸福，這種人最幸福；相反，以別人的幸福為自己不幸的話，就註定不會幸福。因此，嫉妒之人就不會幸福；從這個角度看，愛的反面就是嫉妒，愛使人幸福，嫉妒導致不幸。

知就是知識，要獲取知識就要學習，但知識並不限於課本的知識，學習亦不局限於學校的學習。事實上，那些越追求成績好的學生，也越容易產生自卑感，因為他將成功局限於狹小的領域，所以當他付出了很大的努力仍不如人的時候，就會產生自卑感。那些會讀書的人往往不懂得賺錢，反而那些不喜歡讀書，到處參與活動或工作的人，累積了豐富的經驗，比較懂得賺錢或在社會上取得成功。知道事物的前因後果，當然有助於成功；但知亦包括善惡之知，惡會帶來不幸，知惡就會懂得行善，為他人帶來幸福。

反省就是反省自己的過錯，例如曾子説：「吾日三省吾身。」但每日都反省三次，似乎有點過多。又例如佛教有一種「內觀」的修行方法，就是檢視過往所犯的錯誤；基督教所講的「懺悔」也有類似的意義。的確，我們生活在這個世界，無知、貪婪、憤怒、嫉妒和意志薄弱都有可能令我們犯錯。但反省還有更積極的意義，就是透過反省自己的錯誤和失敗，創造出美好的將來，這就是幸福。

發展就是發展潛能，實現願望。願望實現當然會感到幸福，但體驗到自身的進步和能力的提升，也一樣會帶來心靈的喜悦。而

「愛」、「知」和「反省」三種原理都有助「發展」。透過反省,就可將錯誤的心念調整到正確的方向,而正確的方向則有賴愛和知來確認,比如說,如果自我實現對他人造成傷害的話,那當然不好;相反,如果自我實現能同時造福他人的話,那就是好的。

幸 福 的 原 理

愛	對人施愛,建立良好的人際關係		
知	知道事物的因果關係,及知善惡	▷	幸
反省	反省過錯,創造美好的將來		福
發展	發展潛能,達成人生目標		

最後,如果你現在問我甚麼是幸福的話,我會認為是「情感的滿足」,只要看到我的小女兒愉快地走來走去,我就會感到十分幸福。正所謂「身在福中不知福」,幸福是要用心去感受才有的。

關鍵字再思考　　快樂 / 德性 / 心靈平靜 / 自我實現 / 施愛 / 發展
相關篇章　　　　家庭　　友誼　　愛情　　勇氣

這幅畫《奧嘉茲伯爵的葬禮》（*The Burial of Count Orgaz*）是希臘畫家葛雷科（El Greco）的名作，他定居於西班牙的古城杜麗多。畫中描繪的主角是古城的奧嘉茲伯爵，由於伯爵生前行善積德，因此聖人奧古斯丁在其葬禮中顯靈，接引他到天國。此畫分為兩部分，採用了不同的風格，上半部是天國，較為表現性，下半部是世間，用的是寫實風格。對基督教來說，人世間是沒有幸福可言的，只有死後到天國才可享有永生，德福合一必須由宗教來保證。

《奧嘉茲伯爵的葬禮》(1586-1588)

作者：葛雷科
原作物料：油彩
尺寸：430 × 360 cm
現存：杜麗多聖多明教堂

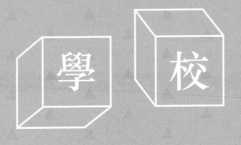

學校

現代的學校既像監獄，
也像競技場。

小學二年級時，爸爸要我轉讀一間英語學校，那間學校有直屬中學；當然，爸爸這樣做是為了我將來的前途。但這間學校距離我家很遠，乘車要一個半小時以上，下車之後還要走 20 分鐘，當時剛好雨季，幾乎每天都下雨，我只上了四天課就病倒了，最後因為不適應也沒有繼續讀下去，只好回到原來的小學。其實當時我十分高興，因為又可以見到熟悉的同學和老師。

的確，家長都想為子女找到好學校。近年的名校爭奪戰也越演越烈，有家長更不惜重本，購入名校區的貴價樓，這樣就可以參加該區校網的派位；但他們似乎沒有想過，名校是否真的適合他們的子女。比如說，在原來的學校你的子女是名列前茅的，但進入那些名校之後，就有可能變成全班成績最差的學生，說不定會有很大的挫折感。也許有數據顯示，入讀名校會大大增加將來在社會成功的機會；但有時我想，這種不惜一切、近乎瘋狂的做法只不過是盲目追求所謂「好中最好」，是過度競爭的不良產物。當然，這種現象不是香港獨有，不過，香港似乎特別嚴重；我認為，這跟香港社會以金錢掛帥、缺乏安全感有關。如果香港有較完善的退休保障制度，就可緩和目前激烈的競爭，小孩子也會過得愉快一些。

幾年前有一電視節目叫做《翻山涉水上學去》，拍攝在世界各地，生活在嚴苛環境的兒童如何上學，譬如有些要橫渡酷熱沙漠，有些要攀越高山峻嶺，有些要划船渡河，有些則冒着嚴寒、走過冰天雪地去上學，這樣每天都要花好幾個小時上下課，路途中也有一定程度的危險性。有趣的是，同期有另一個關於學習的節目，名稱忘記了，是講述倫敦的精英學生如何通過比賽，選出最優秀的學生。這真是一個強烈的對比，居於落後地方的人希望透過教育來改善生活；另一邊廂，處身於繁榮之都的學生，則要透過競爭成為精英中的精英。前者令人感動，後者卻有點像無謂的競爭。我認為，學校不是製造天才，而是發掘學生潛能和幫助學生成長的地方。

學校功能

在中國，最早有學校記錄的是周朝，而古希臘的學院也是早期的學校；但若以普及教育來算的話，則是 1841 年丹麥首創的小學強迫教育。自從工業革命之後，社會的職業結構產生了很大的改變，傳統社會大部分人都從事農耕，不識字也沒有所謂，但工業革命令經濟多元化，職業種類多了，分工也很細，於是現代學校便應運而生，負責傳授知識和技術。

比起家庭，在待人接物方面，學校較接近社會，家人的對待不會因成員的能力高低而有差別，那是注重親情的地方；但學校不同，老師主要關心的是學生成績及課堂紀律，必須一視同仁，注重表現。難怪社會學家涂爾幹（Emile Durkheim）說，學校是家庭和社會的中途站，不錯，學校就是幫助我們將來進入社會的特定組織。

從社會學的角度看，學校作為一個社會組織，主要的功能就是對學生進行社會化，讓他們成為社會上有用的人。所以學校除了傳遞知識和技術，也包括社會認可的價值觀；但要教授甚麼知識、技術和價值觀，就要視乎那個社會而定，在民主自由的現代社會，當然就是教授民主自由的價值觀，培養學生為稱職的公民。

人類的知識越來越多，在學校的短短十多年根本所學有限；所以我認為，最重要的不是學得有幾多，而是培養學習的能力及學習的興趣，而最基本的學習能力就是語文和思考，有了學習的興趣，將來就會不斷學習。要培養學生學習的興趣，其中一個方

法就是成為學生喜歡的老師，這是我的親身體驗。中一至中三我的數學成績很好，有時甚至拿到 100 分，就是因為喜歡當時的數學老師；中四時換了數學老師，由於不大喜歡那位老師，結果我的數學成績一落千丈。學習興趣是重要的，因為它提供了較好的學習動機。近十多年，我發現越來越多小孩子學音樂，甚至乎連幼稚園也有樂隊到外地演奏！我現在居住大廈的同層家庭，每一個兒童都有玩樂器，我對面屋的女孩就經常彈鋼琴，既然這麼多人學音樂，為甚麼香港卻產生不出國際級的人才呢（反而出了兩個世界冠軍的單車手）？其實很多小孩子並不是真正對音樂有興趣，只是父母要他們學音樂，因為學音樂有利於升讀名校。

近年出生率下降，有些學校出現收生不足的情況，不但要縮班，也有可能被「殺校」，現在連學校都有機會倒閉。名校當然不用擔心收生不足的問題，但那些弱勢學校為了爭取學生入讀，就要互相競爭。除了學校之間的競爭，近年也越來越多學生上補習班，某個意義下，學校也要跟這些補習班競爭，特別是身為老師，若知道自己的學生上補習班的話，那滋味肯定不好受，因為似乎暗示了補習班教師教得比自己好。雖然我不是在中、小學教書，自己求學時也沒有上過補習班，但也有買過當時補習名師出版的習作，我還記得一個教化學的叫做 CY Tong，另一個 KY To 是教生物的。那時的補習名師都是兼職的，他們的正職多數是名校教師。但現在的補習名師則是全職的，也可以說更加專業，不但有名師筆記，還教授考試技巧，及「貼試題」。名師之間也存在激烈的競爭，那是真正的商業競爭，如果留不住學生，名師也要失業。其實我也有興趣上這些名師的課，吸收一下他們的授課技

巧，相信有一定的教學成果，否則也不會有那麼多人報讀；又或者嘗試當補習班教師，看看自己有多少市場價值，可惜我懂得教的兩個科目哲學和藝術，前者沒有公開試，後者則不受重視。

學 校 組 織

作為一種社會組織，學校必須有功能上的分工及規則章程的依據，這是科層化；但隨着對中、小學教師專業化的重視，科層化和專業的衝突會越來越多。

學校組織 {
校長：領導學校實現教學理念
老師：教導學生
學生：接受社會化
}

教學理念

以上討論了學校的功能，這是從現實層面去講；若是談理想的話，那就涉及教學理念，每間學校的教學理念都不盡相同，這是最能顯示出學校的特色。例如宗教學校就跟非宗教學校有很大的分別，有些學校強調全人教育，有些則注重體藝的訓練。我認識一位小學校長在學校推廣哲學，可見其遠見，但有人擔心哲學對於小學生來說會太「深奧」，其實哲學可以深有深講，淺有淺講，重要的是哲學可以訓練學生思考，擴闊其視野。也不妨可以這樣看，哲學是一種精神需要，兒童也有精神需要。但要在小學推廣哲學不容易，因為首先要得到老師和家長的認同，也需要老師的

協助，有些家長擔心加入了哲學的堂數後，會影響「正常」的學習，老師也可能會質疑教學的成果。

要談教學理念，最好先認識一下中西兩大哲人蘇格拉底和孔子的思想，蘇格拉底主張通過思辨討論，找到真理；孔子則注意培養德才兼備的君子，從政而造福人民。當然，這不表示蘇格拉底不重視道德，但他認為人之所以犯錯是由於無知，所以擁有真知才是首要的。由此可見，知識和道德正是教學重點，這也是傳統哲學的教學理念，用儒家的說法，就是「尊德性」和「道學問」，至於兩者的關係如何，哲學上則有不同的安立。可是，到了現代哲學，知識和道德的客觀性都遭到質疑。例如實用主義就認為沒有永恆的真理，知識只是暫時性的，能解決問題的就是真理。由於社會不斷轉變，最重要的就是學習解決問題的思考方法，實用主義者杜威（John Dewey）還創立了實驗學校，實踐他的教學理念。又例如，存在主義者沙特（Jean-Paul Sartre）認為人並沒有本質，最重要的是人通過抉擇，創造自己的本質，價值只不過是主觀的選擇，理性只負責認知客觀狀況及對選擇的後果承擔責任。雖然存在主義沒有談過教學的理念，但若將此思想應用到教學方面，就會強調發掘學生的獨特性，發展潛能，及培養他自主的能力，此之謂自我實現。

某程度上，我也同意杜威所講的思考方法及存在主義的自我實現，但並不同意他們對知識和道德客觀性的否定。我認為知識和道德都有着形上和超越的根源（孔子和蘇格拉底都有着超越性的關懷），從這個角度看，實用主義和存在主義則將人的存在價值拉到不安和實效的現實層次上。

大抵來說，我讀小學的時候還是很愉快的，但中學就不同了，有一種像在監獄的感覺，不知讀書為了甚麼，十分迷茫。其實很多我們在中學學的東西都沒有用，而且大部分都不記得了。我是讀理科的，雖然在高考化學科取得 A 級成績，但現在只記得 H_2O 和 $NaCl$ 之類的東西，在日常生活也沒有甚麼用。那麼中學時候花那麼多時間學習，又要經歷無數次測驗和考試，是否浪費時間，浪費青春呢？反而更重要的思考方法沒有學到，雖然說學習語文、數學和科學都有助訓練思考，但卻不可代替更基本的思考方法。舉個例，在思考方面，學習邏輯就比很多數學有用得多。我認為有兩樣最基本的東西學校必須教導學生的，那就是「思考」和「做人」，而且兩者關係密切。做人涉及道德教育，那正是下一節的主題。

道德教育

雖然有所謂「教不嚴，師之惰」，但現在大家似乎都將教育的責任完全託付於學校，特別是德育，如果學生出了問題，都傾向怪罪學校。而且有一種流行的觀點認為，現在學生的品行越來越差，所以主張加強道德教育。然而，憑甚麼說學生的品行越來越差呢？通常回覆都只是使用一、兩個指標，例如說多了學生「講粗口」，但其實也多了學生當義工，而且其中有些標準是有爭議的，例如說學生「反叛」，不像以前「聽話」，學生聽話當然有利

學校管理，但如果學生只是盲目服從的話，那可以叫做好的道德教育嗎？

無論中外，傳統教育都重視德育；現代社會也有所謂五育：德、智、體、羣、美，以德育為首。我還記得一位小學老師說過：「就算讀書不成，也不要做一個壞人」從這個角度看，道德比知識更加基本和重要。可是，一直以來，道德教育主要是灌輸性的，又多以懲罰為本，只要求學生「聽話」；忽略了道德的情感教育，又缺乏了說理的部分。我們從少就被灌輸了一大堆道德規則諸如「不應傷害人」、「遵守承諾」、「不要說謊」、「尊敬師長」、「孝順父母」等等；但卻鮮有交待理據，沒有說明為甚麼要遵守這些道德規則，這是說教，不是說理。況且，很多時我們會碰到道德規則衝突的情況，如何取捨，那就需要權衡輕重，作獨立思考。事實上，很多道德議題都有爭論，例如墮胎、安樂死、同性戀、複製人、婚前性行為等，重要的是培養學生道德思考的能力，正如存在主義所講，讓他們自決，並承擔選擇帶來的後果。同情心和正義感是道德行為的最大推動力，要培養同情心和正義感，就要依靠道德的情感教育，最好就是透過藝術和文學的感染力，讓學生產生共鳴。

我認為，道德行為有兩個重要成分，一當然是行為本身，或行為所產生的後果；二是行為背後的動機。一般人傾向重視前者，往往忽視後者的重要性。例如學生上課安靜，如果他們的動機只是不想被懲罰的話，恐怕我們不會認為有很高的道德價值；但如果學生的動機是不想破壞上課的秩序，影響老師教學的話，則有較高的道德價值。

學校普遍十分注重學生的品德，我還記得讀小學時，每星期的週會都會講述偉人的故事，以此為榜樣，例如華盛頓承認斬了櫻桃樹，這是誠實的榜樣。但我發現學校所講的「品德」實在過於狹窄，比較着重於維持秩序和增進學業成績的項目，如「善良」、「安靜」、「孝順」、「禮貌」、「勤力」等，較少注重發展個性和創造力方面，如「智慧」、「勇氣」、「正義」、「冒險」、「真誠」等。現在教出來的精英學生，大部分都只是考試成績好，但缺點就是害怕犯錯，因為要考試成績好，就不容許犯錯，這些學生也往往缺少勇氣和創造力。

蘇格拉底認為，沒有人自願犯錯，犯錯只是出於無知，欠缺善的知識。事實上，有些人真的不知道甚麼是對，甚麼是錯；但有時無知在於不懂得將道德原則應用在具體的處境，例如有學生在課堂上吃東西，就是不知道這樣做會騷擾其他學生上課。此外，我認為犯道德錯誤還有兩個原因，一個是意志薄弱，有些人明明知道甚麼是對，甚麼是錯，但面對道德和利益衝突時，卻抵不住利益的誘惑，選擇違反道德；或者有些人容易受他人唆使而做壞事，這也是意志力薄弱的表現。還有一個原因就是邪惡的心靈，想他人痛苦和不幸，完全欠缺同情心和正義感。

德育的方法

| 道德教育 | 道德思考 | ▷ | 認識道德價值，作道德判斷 |
| | 道德情感 | ▷ | 培養同情心和正義感，發展優秀品德 |

欺凌問題

雖然有時道德的對錯存在爭議,例如墮胎;但道德有一定程度的客觀性,例如說謊、偷竊、欺凌等都是錯誤的行為。說謊和偷竊還可以找到例外,比如說白色謊言和戰時偷取敵軍的情報;然而,欺凌就毫無例外,每一個欺凌行為都是百分之百錯誤的,甚至是邪惡的,因為那是有組織、有預謀傷害他人(心靈或身體)的行動。我有一個學生,因中學時受到欺凌,到現在還受影響,對人缺乏信任,無法跟同學合作,妨礙學習。

近年香港學校的欺凌問題的確日益嚴重,正在執筆之際,又有小一學生遭受欺凌,耳朵被人插入鉛筆,這是非常嚴重的,因為有可能造成聽覺永久受損。除了傷人之外,此事件的嚴重性在於欺凌者只是六、七歲的小學生,很難想像年紀這麼小的兒童會做出這樣的事,我寧可相信這是出於無知,而不是邪惡的心靈。

這件事引起了極大的關注,校方卻說沒有欺凌事件,只是同學打架造成。校方只是找不到欺凌的證據,就推論出沒有欺凌,是犯了訴諸無知的謬誤。但欺凌是難以找到證據的,因為欺凌發生的時候,老師通常都不會在場,而欺凌多是集體性的,欺凌者會互相隱瞞。欺凌集團就像小型的暴力集團,一般會有首領,有些學生迫於加入,因為不加入就會成為欺凌對象,只好同流合污去欺凌其他人。當然,欺凌也可以有輕重之分,由出言侮辱到造成實質的身體傷害都有,但通常欺凌都會變本加厲。

對於被欺凌的學生來說,學校內就像有一個小型黑社會,課室有如密室,沒路可逃,單靠學生自己很難應付,其他學生為求自保,也未必會挺身而出,指證施害的同學。有時即使教師知道有欺凌事件,也會詐作不知情,因為上報的話,等於説自己管教不力,這其實是推卸責任。即使上報,校長亦可能會隱瞞,因為怕影響校譽。學校應該保護受害的同學,教導甚至處罰加害者,學校沒有這樣做就是不正義。家長發現子女在學校受到欺凌,到學校投訴也未必有結果,最後只好轉校,這也正好是學校所希望的,因此若遇到相類情況,不妨考慮報警及尋求教育局當局協助。發生欺凌事件並不表示學校不好,但隱瞞事件肯定就不是好學校。學校能解決問題,正義得到伸張,才是好學校。

欺 凌 集 團

黨員
首領
加入
欺凌
弱小和怕事的學生

大學之道

以上討論的對象是中、小學,現在就談談大學。大部分學生都渴

望進入大學，因為大學是知識的殿堂，入讀大學是一種榮譽，而個人的價值也得到肯定。對我來說，讀大學的最大價值在於從中、小學的填鴨式教育中解放出來，享受自由學習的樂趣，也有時間和空間思考人生的意義。

現代大學源於歐洲中世紀時代的大學，最早出現於十二世紀，最具代表性的有法國的巴黎大學和意大利的勃隆那大學，著名的還有英國的牛津和劍橋大學、德國的海德堡和科隆大學，早期的大學都是修道院，跟宗教結合，慢慢大學由宗教中解放出來，今天我們漫步於牛津或劍橋，仍然可以感受到中世紀時代的宗教氣息。中世紀的大學雖然受制於宗教，卻突破了國界，具有世界精神，拉丁文是當時的通用語言，就像現在的英文一樣，教師和學生可以自由來往於巴黎大學和牛津大學，共同研究學術問題。

哲學家雅士培（Karl Jaspers）認為，大學的使命就是追尋真理，這是繼承蘇格拉底的精神。要追求真理，自由是必須的，今天我們都將學術自由視為大學的核心價值，而西方大學的演變，也可以說是一個爭取學術自由的過程，先後由宗教和皇權中解放出來。真理和自由的關係密切，這一點彌爾（John Stuart Mill）說得最清楚不過，他認為人在認知上有其限制，誰都會出錯，禁止或控制言論會產生很大的惡果，如果言論是正確的，那我們就會失去更正和進步的機會。根本沒有人可以擁有全部真理，過往那些自以為擁有絕對真理的人，後來都被證明是錯誤的，基督教就曾對正確思想的人進行迫害，哥白尼和加利略都是受害者。即使言論是錯誤的，也不要禁止，因為通過批評，真理才得以彰顯。思

想和言論自由的好處就是讓我們發現錯誤,通過自由討論,讓人提出異議,減少出錯的機會。大學就是站在人類知識的最前線,不斷前進。所以,大學除了是教學、傳授知識的地方之外,也是學術研究的中心。

不過,大學的遺世獨立,有時會被批評為象牙塔,對世情毫不關心,也似乎對社會沒有甚麼重大的貢獻。不過,這種攻擊有以偏概全的問題,首先要看的是哪一個學科,不同學科有不同性質,很難一概而論。還是談一談我較熟悉的哲學,在今天的學術上,哲學就好像一個萬花筒,有着不同的觀點,十分熱鬧,而且幾乎每一個哲學問題都可以不斷地爭論下去,沒完沒了。但如果我們拿孔子和蘇格拉底的思想為標準的話,哲學則有着啟迪眾生的功能,孔子開創平民教育,蘇格拉底也只是在雅典街頭跟人討論問題,引領他們認識自己。孔子和蘇格拉底的說話都是精簡而有力,到今天仍展現出耀眼的光芒;反觀當今的哲學理論,用詞艱深,充滿術語,往往令人不明所以,也不知道有甚麼價值,只好美其名為學術研究,苟存於學院之中。

大 學 的 價 值 和 危 機

核心價值	學術自由
功能	教學
	研究
危機	知識越來越專門,缺乏統合
	很多學術研究對社會無用,亦欠自足價值

西方最早的學校可以追溯至古希臘時的學院，著名的有柏拉圖開創的柏拉圖學院，而拉斐爾（Raffaello Sanzio）這幅《雅典學院》（*The School of Athens*）雲集了古希臘的重要哲學家，其中以中間的柏拉圖和亞里士多德最重要。雖然他們是師徒關係，但思想卻是對立的。柏拉圖手指向上，代表他重視超越的事物；亞里士多德的手則向下，表示他關注現實。其實拉斐爾當時是以達文西（Leonardo da Vinci）和米高安哲奴（Michelangelo）作參考來畫柏拉圖和亞里士多德，暗示當時這兩位藝術家處於競爭狀態。

《雅典學院》局部（1509-1511）

作者：拉斐爾
原作物料：濕壁畫
尺寸：500 × 770 cm
現存：梵蒂岡簽署廳

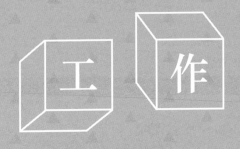

工作

如果不介意沒有收入，
最幸福的工作就是做藝術家。

記得小時候聽過一個關於螞蟻和蟋蟀的童話故事，話說夏天的時候螞蟻辛勤地工作，預備過冬的食糧，但蟋蟀卻只顧玩樂，不理會螞蟻的勸告，結果冬天來的時候，蟋蟀就餓死了。當然，這個故事的教訓在於年青的時候要努力工作，否則老來就有悲慘的收場。然而，這個故事似乎不適用於現代社會。因為對於低下階層來講，即使辛勤工作了一生，老來也未必好過，而且還有可能過勞死，比蟋蟀還早一步呢！

以上的故事來自伊索寓言，但原來的角色是蟬，不是蟋蟀，也許蟬死得太快，所以後來改了做蟋蟀。傳統中國人一般都十分勤力，據說是受了儒家倫理的影響，小孩子從小就被教導要努力讀書，讀書為了甚麼？就是為了將來找到好工作。但工作的評核不像學校的評核，只是成績好就可以，工作沒有考試，要視乎對公司的貢獻，及上司和客戶的評價。某個意義下講，現實是殘酷的，當你進入社會工作，現實就會驗證你工作的能力；而讀書好跟工作能力並非等同，勤力也不過是工作能力的一部分。

如果工作只是為了生存，那麼，富二代便不應工作了。當然，生存是基本的，但除此之外，工作就沒有其他價值嗎？我認為這個寓言的最大問題是犯了「假兩難」的謬誤，要麼就是勤力工作，要麼就是餓死，真的沒有其他可能性嗎？我既不想做蟋蟀，也不想做螞蟻。

為甚麼要工作？

大抵人生可以分為兩個階段，首先是上學，學習社會需要的知識和技能，畢業之後就出來工作，賺取生活所需。對一般人來說，這是最正常不過，工作就是為了生存。然而，我們也可以為活得美好而工作，在工作中體會自身的成長，為社會作出貢獻，這樣自我的價值就會得到肯定，也能從工作中感受喜悅，工作的報酬也不一定只是金錢和地位。

職業的德文是 Beruf，意思是「神的呼喚」，亦即是天職。找到自己的天職是重要的，因為這樣你就能發揮自己的長處，實現你的志向，貢獻社會。然而，未必每個人都能找到自己的天職，天職也不一定是高薪厚職，而是真正適合自己的工作。舉個例，在我讀書的年代，那些成績好的學生很多都選擇讀醫科，的確，讀醫是很困難的，它需要聰明的頭腦，但更需要的是心，很多人讀醫其實只是為了將來有高回報，而且醫生是一世的職業；可是，其實很多人並不適合做醫生，也很難說得上熱愛這份工作。或許你聽過史懷哲（Albert Schweitzer）這個人，一個到非洲行醫的醫生，但他原本是讀哲學和神學的，也是一個著名的風琴師，三十多歲才立志讀醫，為的是拯救病苦中的人，為甚麼要到非洲行醫？因為那裏的人最需要醫生，史懷哲堅持工作到 90 歲離世為止，這就是天職。

當然，找到自己的天職並不容易，俗語說「做個行厭個行」，這也是大部分人的寫照，但相對於沒有工作的人，有一份工作也許值得感恩。當然，很多工作都是苦悶的，甚至有些厭惡，舉個例，相信沒有人會喜歡做打推銷電話的工作，我幾乎每天都收到這樣的電話，但有時也會接聽一下，聽聽那些人說話。因為它可以提醒我兩件事，第一，資本主義不斷向你推銷你不需要的產品；第二，那些不見得愉快的工作還是有人去做，我怎麼能夠討厭自己的工作呢？我估計，大部分人都會拒絕這些電話，經常被人拒絕確不好受，但話說回來，這樣不就是可鍛鍊出不怕被人拒絕的本領嗎？

雖然說不同的人適合做不同的工作，但理想的工作總有些相同的地方，是高報酬？帶來名譽地位？或是自己的潛能得以發揮？我認為，那是自主性和創造性，就以我的工作為例，我是教書的，科目和內容都是既定的，沒有選擇的空間，但在課堂上如何授課則有一定程度的自主性和創造性。另外，最近幾年我喜歡了寫書，也視之為自己的工作，在寫書方面，自主性和創造性都比教書高；但也不可以愛寫甚麼就寫甚麼，或愛怎樣寫就怎樣寫，我必須跟編輯合作，聽取他們的意見，也要顧及市場的反應。還有，我一直以來都有繪畫，做藝術創作，除了上帝的創作之外，人類的藝術正是高度自主性和創造性的產物。可是，藝術家這一行通常是無酬的，除非你的作品賣到錢。一般人是為生活而工作，像梵谷這樣的藝術家，卻是為工作而生活，他雖然得不到金錢上的報酬，而且要到死後才享有名聲，但這也可算是回報，如果梵谷天上有知，亦會感到欣慰。

工作的目的

▷ 賺取生活所需
▷ 實現潛能
▷ 自我價值得到肯定
▷ 貢獻社會

馬克思的異議

所有工作都可體會自身的成長，發展自己的潛能嗎？恐怕馬克思（Karl Marx）的答案是否定的。馬克思認為，資本主義社會以追求利潤和累積資本為目的，主要就是透過剝削工人來達成。剝削就是指資本家奪去了工人部分應得的勞動成果，根據亞里士多德對「正義」的定義，這就是不正義。事實上，在馬克思的年代，工人的生活的確很悲慘，工資僅足以維生，不但工時長，而且工作環境惡劣，就連兒童也要工作。根據馬克思的勞動價值說，人要生活，就需要勞動，生產生活所需，產品的價值正來自人的勞動，而產品的價值又可分為使用價值和交換價值。例如衣服有使用價值，但對一個裁縫來說，他所造的衣服就是用來交換金錢，然後再用金錢來買他需要的東西，這就是衣服的交換價值。商品的交換要透過貨幣，亦即是說，商品的交換價值是用價格來量化，這是馬克思所講的 W1(商品) ---- G(貨幣) ---- W2(商品) 模式。但在資本主義社會，模式變成了 G1(貨幣) ---- W(商品) ---- G2(貨幣)，舉個例，住屋有其使用價值，但在香港，很多人買樓並不是用來居住，而是「投資」，當住屋價格上升，就會賣出去賺錢；換言之，G2 減去 G1 就是利潤。在資本主義社會，連勞動力也變成了商品，資本家用工資 (G1) 購買工人的勞動力 (W)，再將勞動生產出來的東西用高價 (G2) 賣出去，G2 減去 G1 就是利潤，是剩餘價值，亦即是剝削。當然，我們可以反駁，資本家要付出很多，他投資建廠房，又要做管理的工作，況且也有可能虧本，有着潛在的風險。

馬克思認為，人和物的基本關係是使用價值，商品的交換價值只是次要的；但在資本主義社會，交換價值變成主導，商品的價值決定於它的價格，即是它的交換價值，而不是其使用價值。但贊成市場經濟學的人認為，產品的價格視乎供求而定，價值是主觀的，不是經濟學研究的課題。從市場經濟學的角度看，根本無所謂最低工資或基本工資，也沒有甚麼剝削存在，因為工資亦是由市場的供求來決定。但若我們承認最低工資或基本工資，就表示勞動本身有一定的價值，間接支持馬克思的勞動價值說。

在《1844年經濟學哲學手稿》（*Economic & Philosophical Manuscripts of 1844*）中，馬克思分析了工人出現的三種疏離，亦即是異化，那就是人創造出來的東西跟人對立，反過來成為支配人的力量。跟以往手工業相比，在資本主義制度下的工人不再是產品的擁有者，他跟產品疏離，他工作的時間越長，生產的東西越多，剝削也越大，產品變成了壓迫他的力量。在工廠的分工制度下，工人只負責一個細小程序，從工作中不能獲得滿足感，他跟生產過程疏離。工作除了是滿足生存的手段之外，人的創造性在工作上也應得到滿足；但工人的勞動只是為了生存，他跟自己疏離。這三種疏離導致人性的喪失，工作之外就是飲食，人好像動物一樣過活。

異化

也許馬克思的説法有點誇張，但即使沒有剝削的問題，這種單調乏味的工作也很難有成就感。那麼，沒有異化的人生是怎樣的呢？人能夠自由工作，實現自己的潛能，從工作的創造性得到滿足感，相對於異化的人生，這種自主的人生不妨稱為「真實」的人生。馬克思認為，只有在真正的共產主義社會，工作才是自由選擇，那是為了實現自己的潛能。然而，今日的資本主義跟馬克思當年的很不同，工人的待遇改善了，不但有最低工資和最高工時，也有失業救濟。作為一種社會實驗，馬克思主義可謂徹底失敗；但他所講的剝削和異化，及工作的自主性和創造性，仍值得我們正視。我們也不妨問問自己，究竟工作上有多少自主性？有甚麼原因阻礙實現自己的潛能呢？

工作的方法

人類的工作千差萬別，很難説有一些方法能夠適用於所有工作，所以只可以一般而言。首先，體會工作的意義很重要，那就是第一節所講，讓你成長和作出貢獻，如果確認是你的天職的話，那就要更加倍努力，熱情和感恩都需要。

要工作順利，就要先知道自己在公司的位置、所負的職責、認識所屬的部門，如何跟同事協調，及了解公司的經營理念。例如我在社區學院工作，教書是我的主要職責，我屬於人文學部，教的

是哲學，而學院的經營理念就是提供優質的副學士學位，讓未能透過公開試入讀大學的學生有另一個升學途徑。

要辨別工作的輕重和優先次序也很重要，我以前做過編輯，很多時會有些工作突然插入來，如果不懂得緩急先後，就會十分狼狽。現代社會的工作很繁忙，需要你同時處理好幾件事，就好像媽媽做飯一樣，要同一段時間處理清洗食物、煮飯、煲湯、炒菜、蒸魚等工作。在這方面女性比較優勝，男性則擅長專注某件工作，所以專家多數是男性，據說這是因為男女腦部的構造不同。如果能同時具備這兩種能力，做事的效率就會提高。事實上，現代社會對工作能力的要求不只一種，是多方面的。

至於如何提升工作能力，當然要努力、認真、思考、閱讀、聆聽、吸收相關的資訊。除了自己的專業之外，閱讀歷史和偉人的傳記也不錯，因為可以吸收前人的成功經驗和失敗的教訓，我當年能夠考入中大哲學系的碩士班，就是因為懂得找 past paper 來做，歷史正是人生和成功的 past paper。個人認為，楚漢相爭的歷史就很有啟發性，讀歷史可以增強辨別的能力，而藝術則最能激發人的感性，所以最好就是看出色的歷史電影或電視劇。

我們大部分的工作都要跟他人合作，所以人際關係十分重要，這樣才能發揮團體的力量，即使現在我寫書，似乎很個人，但正如前面所言，也要跟編輯互相協調。有些人很有能力，卻未受重視，所以常常覺得自己懷才不遇，但其實重要的還是為所屬團體帶來利益，這才是有用的，有能力跟有貢獻並非等同。我認識一個人，也是教哲學的，就是之前提到以高級知識份子自居的那

位，他很喜歡講一些我認為是無謂的原則，由於太過堅持這些原則，結果跟人在合作上產生很大的困難。這些有聰明腦袋的人，就只是滿足於自己的工作，卻不理會他人的需求，沒法跟共事的人協調。不妨這樣想，工作也可以是愛的一種表現，滿足他人的需求也就是作出了貢獻，畢竟正因為大家各有所求，才會有社會的出現。

現代資本主義社會經濟繁榮，大家都忙於工作，如何能善用時間，提高工作效率呢？意大利的經濟學家帕累托（Vilfredo Pareto）發現了一個法則，稱為帕累托法則，或80/20法則。這個法則的原理是，在我們的工作中，只有20%是真正重要的，其餘80%都是次要的，關鍵就是要做好這20%的工作。這個原理可以應用到其他方面，例如公司的客戶中，只有20%是佔了公司80%的營業額，所以我們的工作重點就是照顧好這20%的客戶。又例如以一天工作10小時來計算，真正有效率的只有兩小時。所以，不要埋頭工作，或為分析而分析事物，而是判斷工作中重要的20%是甚麼。很多人做事失敗的原因就在於完美主義，將精神放在枝節末葉，未能把握重要的部分。就好像我在戶外寫生一樣，鉛筆畫也許可以當場完成，但水彩畫就幾乎不可能，所以我必須在現場完成主體部分，定下整張畫的色調，這就是重要的20%，其他細節回家再畫也沒有大問題。

現代社會的工作也講求創造性，相信大家都可能聽過腦激盪法，那是集體創作的方法，透過聯想，互相刺激，尋找創意。在寫作方面我建議可用川喜田二郎所創的KJ法，KJ是其英文名字

Kawakida Jiro 的縮寫，方法是將跟某個主題有關的想法寫在便利貼上，到了一定數量之後，就將它們歸類，然後整理成一篇文章。其實我不自覺地，某程度上也用了類似的方法來寫作。

現在已經進入了企劃力的時代，單是勤奮是不夠的，創意和想像力都十分重要，但在忙碌的工作中，卻難以培養創意和想像力。在經濟學上，有所謂「效用遞減」原理，意思是當某單位到達某個程度之後，其效用的增加就會遞減，例如連續工作了兩小時，最好就是休息一下，這樣才能持續有效地工作。又例如放年假，可以讓你休養生息，積蓄能量。在休息的時候，人會處於放鬆的狀態，靈感也特別容易出現。工作狂其實並不令人羨慕，很有可能是想用工作來逃避其他問題。

提 升 工 作 的 能 力

體會工作的意義	思考是否自己的天職
掌握重要部分	帕累托法則
創造性	KJ 法、腦激盪法

工作的煩惱

相信大部分人都有工作上的煩惱，可能工作本身就是煩惱的來源，只要想一想繁忙的工作，就可能會胃痛、頭痛或失眠。但如果沒有工作的話，就可能會更加煩惱。相信剛剛畢業的人，大部

分要面對的問題就是找工作，那就會碰到求職的煩惱。在過去的社會，幾乎沒有擇業的問題，工作跟你的出身緊緊連在一起，例如在中世紀時代，大部分人都是農奴，被束縛在莊園上，能夠自由選擇職業的人很少。但現代社會不同，職業種類繁多，何止千種，如何選擇的確是一個問題，有時甚至令我們感到不安，自由反而帶來了負擔。當然，最理想的就是找那些跟自己志向相近的工作，以我自己為例，我喜歡哲學，所以較為理想的工作就是教哲學、寫有關哲學的東西或是做推廣哲學的工作。

即使十分喜歡工作的人，也會碰到人際關係的問題，事實上，我們有很多煩惱都來自人際關係。我有一位朋友，她本身十分喜歡原有的工作，但令她煩惱的是有一位嫉妒心很強的上司，也許這位上司感到她具威脅性，於是不斷對她進行惡意攻擊，最後她選擇了離職。的確，有不少橫蠻無理的上司，動不動就罵人，這些人往往是無能的，由於自卑感作祟，要靠罵人來樹立威嚴，強迫下屬認同。我也有一個類似的經驗，大概十多年前，在另一間教育機構工作，有一位能力不高的上司，正因為能力不高，所以他經常犯錯，但最糟的還是將責任推卸給下屬。

作為主管或領導人並不簡單，很多有能力的人未必適合這類工作，因為單人作戰與指揮作戰是不同的，比如說單打獨鬥，項羽必勝韓信，論領軍作戰，則韓信可能稍勝一籌。但若是說善於用人、胸襟廣闊，則劉邦又比韓信強得多，劉邦之所以能擊敗項羽，全靠身邊助他的有能之士。所以，作為主管，不但要有管理能力，也要善用於人。

另一個工作的煩惱就是轉職問題，轉職需要冒險，尤其當你已經有一份安定的工作，如果選擇錯誤怎麼辦呢？不過，現在的職場充滿臨時工、短期合約之類的工作，工作很難像以前有所保證。梵谷就是不斷轉換工作才找到自己的天職，最初他是做藝術買賣的工作，也當過教師和牧師，最後才立志成為畫家。

未來的工作

現代是一個專業化的時代，甚至過分專業化，以致各種專業到達了幾乎不能溝通的地步。在二百年前，科學被稱為自然哲學，但現代的科學已經越分越細，某個領域的科學專才，可能對另一個領域的科學一無所知。然而，在過去，傑出人物往往是通才，也專於不同領域，就以十七世紀笛卡兒（René Descartes）為例，他既是哲學家，也是科學家和數學家；又例如文藝復興時的達文西，是藝術家，也是科學家和發明家，而且他擅於將一個領域的知識運用到另一個領域，比如說將解剖的知識應用到繪畫上。

我相信在未來的世界，學科的分別及職業的界限會變得越來越模糊，其實現在已有跨界別和混合的趨勢，想想一個讀物理的人從事小說創作的話，他的觀點一定有別於讀文學出身的人，我想起了日本的小說作家東野圭吾。雖然現在的世界仍很注重學歷和證書之類的東西，但我相信未來的世界會有所改變，因為敢於拋棄

學歷的人,才有勇氣挑戰新的領域。

最近,谷歌研製的人工智能「阿爾法高」(AlphaGo)擊敗了世界第一的圍棋高手,引起了很大的迴響,有人認為人工智能的時代已經來臨,現在的大部分工作在未來都會被人工智能取代,有人甚至擔心人工智能會全面取代人類,成為世界的主人。其實早於二十年前,電腦已經可以擊敗國際象棋的第一高手,國際象棋可以計算對手的棋步,只要輸入足夠資料就可以。但圍棋不同,棋步多至無法計算,而「阿爾法高」亦有別於一般的人工智能,它具有自行進化的學習能力,能從失誤中學習,就跟人腦一樣。

根據目前的走勢,在不久的未來,勞動性的工作將會被機械人取代,雖說商業和服務業仍以人為主,但一般事務性的工作也可由人工智能負責,人只需作判斷、交涉、計劃等工作。其實人工智能的出現更能突顯出人的尊嚴和價值,就是人類有心靈,機械沒有,我是一個心物二元論者,但就不宜在這裏爭辯心物的問題。

著名經濟學家凱恩斯(John Maynard Keynes)認為隨着科技進步,人的工作時間將會減少,到最後幾乎不需要工作,經濟成長滿足了人的需要,帶來了自由和解放,到時候我們就有充裕的閒暇過着愉快和智性的生活,人也可以選擇自己喜歡的工作,就好像馬克思所講的共產主義天堂:「早上打獵,下午捕魚,傍晚放牛,晚上評論時事。」但凱恩斯說得比馬克思還要確定,他在 1930 年作出預測,一百年之後(即 2030 年)就可以實現,現在距離 2030 年只有 12 年,看來他的預測要落空了。當自動化的機械可以負起所有勞動性工作,剩下來的工作就比較有創造性和

滿足感,也沒有了馬克思所講的剝削和異化,那時我們真的可以像中世紀的烏托邦思想家康帕內拉(Tommaso Campanella)所預言,每週工作 4 天,每天只工作 4 小時。如果人類不會因核戰而毀滅現有的文明,我預測 2200 年就會出現這樣的烏托邦。未來的人會擁有大量閒暇,如何使用閒暇就成為一個大問題,心靈的工作也會變得十分重要,就好像現在的金融業一樣,開拓心靈的工作在未來也可產生利潤。

關鍵字再思考　　　自主性 / 創造性 / 資本主義 / 專業化時代 / 跨界別 / 人工智能
相關篇章　　　　　學校　　金錢　　正義　　家庭

這是法國寫實主義畫家米勒（Jean-François Millet）
的名作《拾穗圖》（*The Gleaners*），畫中描繪三位婦
女，正在低頭彎腰，在收割後的麥田上執拾餘下
的麥穗。米勒刻意不表現人物面部的細節，面孔
常常隱沒在陰影之中，這樣就更加突顯出他們的
動作，充分表現出勞動的意義，勞動者彷彿就像
雕塑迄立在永恆的土地之上，虔誠地工作，給人
一種宗教般的情懷。

《拾穗圖》（1857）

作者：米勒
原作物料：油彩
尺寸：111 × 83.5 cm
現存：巴黎奧塞美術館

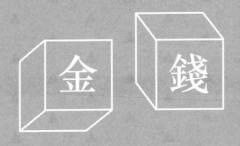

金錢

金錢既不是萬能，也不是萬惡。

相信香港有很多人都買過六合彩，我讀小學的時候，爸爸幾乎每一期都買，當時只有 36 個號碼，但他買了這麼多年，好像連安慰獎也沒有中過。有一次他要我選出 6 個號碼，我隨便説 1、2、3、4、5、6，誰知道他竟然説這些號碼不會中；但其實學過概率都知道，六合彩攪珠每一次都是獨立事件，每一組號碼中獎的機會都一樣，那就是 $1/36$ x $1/35$ x $1/34$ x $1/33$ x $1/32$ x $1/31=0.0000005134$。雖然中獎的機會很微，但幾元就可以買個希望，那正是窮人的希望。

過去有所謂清貧思想，安貧樂道，就好像孔子的得意弟子顏回，住陋巷，粗疏食，仍然不改其樂。的確，傳統的哲學和宗教大都對金錢抱負面的看法，亞里士多德認為，金錢不是通往幸福生活的正確道路，正如古代寓言中那位貪心的國皇，手指碰到的任何東西都會變成黃金，結果因不能進食而餓死。蘇格拉底也認為金錢會腐蝕我們的思想和靈魂，主張我們應過一種簡樸的生活，他的學生安提斯泰尼（Antisthenes）創立了犬儒學派，認為人應該從任何外在束縛（如名利和享樂）中解放出來，靈魂才得以自由，而安提斯泰尼的學生狄歐吉尼斯（Diogenes）則更進一步，只生活在一個桶子內，別無他求，最貫徹犬儒學派的實踐。然而，在今天高度資本主義發達的社會，這種想法已行不通；因為那種幾乎可以自給自足的年代已經過去，沒有一個時代像現在那樣，金錢變得那麼重要。

人的內心都有着追求成長、發展和繁榮的意欲，即使動物和植物也不例外；但生存在這個物質世界，我們又不得不以金錢為富有的標準，其實金錢不過是達致人生富裕的手段，它只有工具價值，沒有內在價值。

工具價值 vs 內在價值

工具價值	追求的事物是由於它帶來我們需要的後果	例如金錢
內在價值	追求的事物是由於它本身，並不是它帶來的後果	例如知識

萬惡與萬能？

相信大家都聽過「金錢是萬惡」這句話，有人認為，金錢會令人變得唯利是圖，重利忘義，所謂「為富不仁」，有錢人都是不義的。那些不良商人不就是為了賺錢而不擇手段嗎？生產出黑心米、地溝油、毒奶粉之類有害健康的食品。

的確，在人類過去的歷史，大部分人都是窮人，而有財有勢的貴族和官吏則欺壓着窮苦大眾，所以會出現類似羅賓漢劫富濟貧的正義。但到了近代，這種情況已經改變，資本主義制度造就了人憑着努力也有成功的機會，於是優秀的企業家出現，帶來社會經濟繁榮，例如日本的著名企業家松下幸之助。以為這些企業純粹以賺錢為目的想法似乎過於狹隘，那是卓越的經營，創業並持續發展，創造了就業的機會，養活了不少人。

共產主義認為，人之所以貧窮，就是因為有錢人的剝削，富人不義，貧窮才是正義，於是主張用武力推翻資本主義制度，實行共產主義就能建立人人平等的社會。這種思想潛在着被害妄想的心理，而追求平等背後亦有嫉妒之心，也可以説是將嫉妒之心正當化。生活在這種劃平主義的社會，個人也難有發展和進步。

過去的宗教將追求金錢視為墮落，在但丁的《神曲》中，放高利貸的人會被囚禁在地獄的底層，你不可以同時敬拜上帝和瑪門，耶穌不就是説過「有錢人若要進天國，比駱駝穿過針孔還要難」？但這句話可以這樣解釋，就是執着於財物的價值，無視於心靈的人，死後將會進入地獄，要讓他們上天堂的話，則是十分困難

的。為了爭奪巨額遺產而打官司、兄弟反目，或為了金錢而犯罪，與其說金錢令人墮落，不如說是人性中的自私、貪婪和愚昧令人墮落。

金錢本身是中性的，沒有善惡之分，經濟繁榮並沒有甚麼不好，善於運用金錢還可以造福人類，想一想貧窮的地方，罪案和疾病也特別多。孔子說：「不義而富且貴，於我如浮雲。」換言之，財富取之有道就沒有問題，這就是儒家的「見利思義」。富貴不一定不義，將追求財富等同唯利是圖、不擇手段，只是思考混亂的產物。勤奮、認真工作，對社會作出貢獻，正當地累積財富，這有甚麼問題呢？如果能將財富用在有益的地方，那就更有價值，此所謂「以善招善」。當然，我並不是說富有的人都一定是好人，但若能夠讓好人富起來，社會就會變得更美好。貧窮的好人雖然安貧樂道，但卻缺乏經濟力量積極地為他人謀幸福。

很明顯，「金錢萬惡」是一個錯誤的陳述，至於「金錢萬能」則是一個誇大的說法。當然，金錢是重要的，我們的基本生活需要，衣、食、住、行都需要金錢才得以滿足，因為金錢是一種通用的「交換媒介」，有了錢，就可以買到我們需要的物品和服務，有更多的金錢，我們就可以得到更好的物品和優質的服務，例如住豪華大宅、出入名貴房車、環遊世界等。雖然金錢也有利於我們維持健康，發展自己的興趣，增進親情、友誼和愛情；但金錢卻買不到健康、才能、成就、知識、親情、友誼和愛情。在市場上，你可以用錢買到電影金像獎的獎盃，但卻買不到這個獎本身。

正如前面所說，金錢只有工具價值，沒有內在價值，一旦金錢滿足了我們的需要，再多的金錢其實是多餘的，那些本身已經很富有還拼命賺錢的人可能誤解了金錢的價值，或者他想要更多的金錢作炫耀，又或者要比誰都更有錢，我想那些億萬富豪可能就在不斷比拼誰更有錢，這其實是為名。當然，有時我們很難說多少錢才足夠，因為第一，人人的需要不一樣；第二，未來的不確定，例如你不知道自己有多少年壽命、金錢會否貶值等。於是有人認為，錢還是越多越好，越多就越有安全感，我們還要為了未來不斷投資，可是，我所見的是，投資的人卻常在擔憂之中。

對金錢的誤解

誤解	真相
金錢萬惡	金錢是中性的，只有工具價值，是善是惡在乎我們怎樣運用
金錢萬能	有些東西金錢不能買，有些東西金錢不應買

消費時代

在人類歷史上，相信沒有一個時代像今天，金錢會變得如此重要，因為我們已經進入了消費年代，沒有錢，又怎樣消費呢？資本主義經濟是依靠不斷生產和消費來運作的，而廣告就負起了鼓吹消費的任務，消費主義甚至變成了一種意識型態。據說每 10 個人之中，就有 1 個購物狂，需要透過購物來紓解生活壓力。當

然，喜歡消費的人不一定上了癮，也可以是透過消費來顯示自己的身分；但有人認為這樣反而帶來了身分的焦慮，因為自我價值不再建基於道德和情感，而是我們的收入及如何消費。法蘭克福學派就認為消費主義充滿錯誤的自我意識，很多批評者也指出消費主義導致浪費和環境污染。

不過，亦有人認為消費者並不是被動地消費，他們透過購買來肯定自己，對某些人來說，擁有名牌產品的確令人愉快，甚至賦予了生活的意義，就像普普藝術肯定商業文化，廣告和商標正是現代社會的文化表徵，好像宗教圖像是中世紀的文化表徵一樣。品牌的確重要，因為它透過購買可見的東西，來顯示出自己擁有那些看不見的東西，那就是自信、地位和聲望。

也有人主張消費結合道德，透過選擇性消費，積極地改變社會，令它變得更好。例如抵制那些在生產過程中會污染環境的產品、拒絕購買由童工製造出來的產品、只喝公平貿易的咖啡等，這樣我們既可以表達不滿，也可以對生產商施加壓力。自覺到消費也有責任，將金錢和道德結合起來，這的確是一個很棒的意念，反客為主。不過，要真的取得效果，有兩個必要條件，一是抵制的人數要夠多，這樣才能對生產商施加真正的壓力，二是我們要掌握真確的資訊，了解其中的因果關係。但要做到第二點其實非常困難，因為我們幾乎要到達無所不知的地步。另外，有些抵制的行為亦存在爭議，例如近年香港興起抵制有魚翅的婚宴，因為捕殺鯊魚的方法很殘忍，但難道補殺其他魚類就不殘忍嗎？

消費時代可以說是資本主義的果，而資本主義的因又是甚麼呢？根據十九世紀社會學家韋伯（Max Weber）的研究，基督新教的倫理促成了資本主義的興起，勤勞、節儉和榮耀上帝等美德使資本得以累積，從商也被視為一種神聖的職業。在過去，榮譽是來自貴族血統和武士的戰績，商人的地位不高；但現代社會就不同了，財富跟地位緊密地連繫在一起。資本主義預設了私有財產和市場制度，以下會逐一討論。

國富論

十八世紀的經濟學家亞當·史密斯所寫的《國富論》（*The Wealth of Nations*），改變了過去大家對經濟的看法，人人追求利益的最大化，整個社會就會得益，為資本主義提出理據。

資本主義的特性 ⎰ 分工增加生產力
　　　　　　　⎱ 資本累積

私有產權

在人類對理想社會的想像中，通常都是以公有制代替私有制，例如在柏拉圖的理想國，守護者是不容許擁有私產；中世紀結束時，英國的摩爾爵士（Sir Thomas More）在其設想的烏托邦之島上，也是一個人人平等、沒有私有財產的共有社會，人民在計劃經濟下從事農業和手工業；至於馬克思的共產主義天堂就更不用

說了。

十八世紀的法國哲學家盧梭（Jean-Jacques Rousseau）相信，人類
未進入文明社會之前，是生活在無拘無束的自然狀態，但後來私
有財產出現，人就開始變得自私。而金錢貨幣的發明，使得財富
累積成為可能，因為農作物會腐爛，金錢卻不會。金錢累積會產
生財富不均，帶來極大的經濟不平等。但十七世紀的英國哲學家
洛克（John Locke）認為，這種不平等是一種必要的惡，因為貨幣
的自由流通可以帶來創造和繁榮。

雖然私有財產已有很久的歷史，但洛克才是第一個從哲學的角
度證立產權的人，這就是有名的勞動產權論（labour theory of
property rights）。洛克認為，萬物是上帝創造出來給人類的，所
以萬物也是由人類共同享有，由於人有生存權利，生存就必須消
耗這些物質，問題是，如何將公有的東西變為私有呢？比如說土
地，洛克參考美國殖民的經驗，認為加上勞力（勞力屬於私人）
因素，如在土地上耕種，增加它的價值，就可以佔有這塊土地。
這就是洛克有名的勞動引致產權的理論，而財產權也就是我們的
基本權利。洛克的產權理論遭到很多批評，例如說加入勞力就可
佔有土地，但只在土地上行走算不算加入勞力呢？如果加入勞力
是指使土地產生某些成果的話，那為甚麼我們不只佔有成果，還
可佔有土地呢？又或者說我們只可以有土地的使用權，而不是土
地的擁有權，死後就要將土地交出來，不可以轉讓或留給下一
代。不過，正如孟子所說，「無恆產則無恆心」，要鼓勵人努力工
作，私有制的確很有效，而將產權視為基本權利，則能有效保障
私有制。不過，洛克認為通過勞力佔有土地是有條件的，那就是

「留給足夠和一樣好的東西給其他人」，對當時人口相對稀少的地方來說，還沒有甚麼問題；但對今天的社會來講，這個條件就很難滿足了，所以二十世紀哲學家諾錫克（Robert Nozick）將它修改為「不會令其他人的處境更差」。比如說資本家佔有了土地，在上面蓋了工廠，僱用工人，創造了就業機會，雖然其他人不可以使用這塊土地，但在工廠工作會比原來的狀況更好。

市場功能

資本主義的另一個特色就是市場經濟，透過市場，每個參與者都可以自由買賣，滿足自己的需要，因而得益。生產者透過市場，出售貨物或服務，獲取利潤；消費者則可以購買滿足自己需要的貨物或服務。當然，自由經濟必須有競爭，通過競爭，貨物和服務就可以不斷得到改善，或者創造新的貨物和服務。

在市場經濟中，每一個參與者都是根據自己的目的而行事，並不需要所謂共同目的或價值。正如阿當・史密斯所説，市場就像一隻無形之手，將所有參與者協調起來，建立一個有規則可循的秩序。二十世紀的經濟學家海耶克（Friedrich Hayek）對自由市場有更深入的闡釋，海耶克認為，市場是一個自發的秩序，所謂自發秩序的意思是指這個秩序不是由於外力或內力所形成，而是由各個元素的互動所產生。在人類歷史上，市場秩序是慢慢演變出來

的，首先人類通過以物易物，然後發明了貨幣，接着是產權和合約規則的出現，最終締造了今日全球龐大的交易市場。

在市場經濟中，每個參與者要做甚麼事都由自己決定，例如要生產甚麼東西或購買甚麼，當然他要遵守某些規則如法律和誠實等。相反，共產主義國家的計劃經濟就不同，要生產甚麼，如何生產，甚麼人負責生產，分配給哪些人，都由中央下達命令來決定。但問題是，決策人根本就不可能掌握到足夠的資訊，例如「人民需要甚麼」，因為每個人的需求都不同；又例如，「每個人有甚麼才能」，所以也不能充分運用人才。這些資訊極其龐大，而且十分分散，它涉及每一個人的價值觀和行事的動機。因此，這種的生產不但沒有效率，而且生產出來的東西也欠缺改善的空間。但在市場經濟中，價格機制所提供的信息就足以讓我們行動，節省了不少時間和精力。舉個例，現在防水布的價格因需求增加而上升，作為生產商，就會試圖找一些更便宜的物料來製造防水布，或者製造一種有防水布功能的代替品，這樣就可以將資源引導到最佳的用途上，減少了資源的浪費。

雖然市場制度有其重要的功能，但在過去 30 年，市場逐漸入侵非市場的領域，引發了爭論。例如主題公園推出了貴賓票，只要買了貴賓票，就不用像持普通票的人般排隊，可以直接享用遊樂設施，本來排隊是公平的，現在有錢就可以插隊。又例如有人贊成器官買賣市場，因為器官的需求很大，單靠捐贈滿足不了需求，然而這樣做會產生幾個問題，第一，壓迫窮人，因為窮人急於需要金錢時，就不得不販賣自己的器官（賣一個腎或半邊肝臟

還可以繼續生存);第二,器官買賣會降低人的尊嚴,將人物化;第三,器官買賣會令自願捐贈的人減少,因為捐贈背後出於利他主義,而市場化則改變了捐贈的意義。第三點涉及驗證的問題,我們可以援引英國社會學家提特穆斯(Richard Titmuss)對捐血所做的研究,他比較了英國和美國的捐血制度,英國是依靠自願者捐贈,而美國除了自願捐贈之外,也購買血液銀行的血液,而這些血液大部分來自以賣血為生的貧窮人士。研究發現,英國的捐血制度比美國好,因為將血液轉變為商品,就會破壞了捐血的責任,傷害背後的利他精神,結果減少了捐血的人數,而來自市場的血液則出現長期性血荒,成本上升,血液的污染機會也增加了(賣血的人很有機會是病患者)。也許這就是金錢和道德對立的實例。

市場的利弊

利	通過自願的交易,買賣雙方都得到自己需要的東西,對社會整體都有利
弊	漸漸入侵非市場的領域,危害平等和利他等道德價值

企業責任

企業的組成

商業機構：主要目的是盈利，具法律地位，例如能夠擁有物業、簽署合約、舉債、交稅、控告或被告	投資者：即股東，商業機構的擁有人 ▽ 管理層：負責營運 ▽ 員工：生產貨物或提供服務

在資本主義社會，企業的盈利相當龐大，有人認為這些企業既然取之社會，就應該對社會有責任。例如在香港就有聲音要求港鐵公司減票價，因為昂貴的交通費對貧窮人士來講是一個很大的負擔，而港鐵主席馬時亨卻表明商業機構沒有責任解決貧窮問題。正如著名的經濟學家費利民（Milton Friedman）所講，商業機構是股東所擁有的私人產業，所以商業機構的唯一責任就是謀取股東的最大利益。換言之，商業機構對社會沒有責任，只要不違反法律就可以，我們可以稱這種理論為「股東模式」。如果要商業機構解決社會問題，如貧窮、污染、歧視等，那就會增加經營成本，在一個競爭激烈的商業社會，這只會令自己處於不利位置。的確，盈利才是商業機構的主要目的，若虧本的話，公司就會倒閉；而且要商業機構負上社會責任就會妨礙市場運作，扭曲了商業的經濟功能，危害自由市場的穩定。

反對股東模式的人認為，除了股東之外，商業機構對其他持份者如員工、顧客、供應商、社區和環境也有一定的責任，所以公司的管理層要平衡各方面的利益，這可稱為「持份者模式」。具體

來說有甚麼責任呢？例如商業機構應該盡力避免傷害自然環境、提供安全的工作環境及公平的晉升機會給員工、確認並維護顧客的權利等。但問題是，為甚麼商業機構對社會有責任呢？有兩個主要的理由，第一，社會責任對商業機構、持份者和社會整體都有利。如果商業機構負起社會責任，就會有好名聲和形象，那就可以吸引顧客，員工也樂意在這裏工作，供應商也較願意跟它合作，這樣商業機構就能獲取長遠利益。第二，社會容許商業機構經營，為它提供人力資源和穩定的環境，所以商業機構對社會也有一定的責任，就好像有一隱含的契約存在於社會和商業機構之間。在西方社會也有一慈善的傳統，那些成功和富有的企業家，都會樂於捐獻部分財產作慈善用途，早期的代表人物有卡內基（Dale Carnegie）和洛克菲勒（David Rockefeller），近期則有蓋茲（Bill Gates）。

說到企業責任，我認為在未來 30 年的經濟發展中，企業要肩負更大的責任。

歷史學家福山（Francis Fukuyama）在《歷史的終結與最後一人》（*The End of History and the Last Man*）一書中指出，在經濟上，資本主義已經是終極的形式，但亦有人擔心資本主義正不斷消耗着自然資源，加上人口不斷膨脹，估計到了 2050 年，全球人口就有近一百億，這時經濟增長將會到達盡頭，同時亦會產生能源和糧食短缺的危機，最終就會爆發戰爭。所以有人主張我們必須限制經濟成長，回到過去心靈滿足的日子，但這種想法是行不通的，因為它只會令我們生活在貧困之中。經濟學家杜拉克（Peter

Drucker）認為，資本主義會經歷轉換期，那就是要有更好的時間管理和創造更多的財富；換言之，努力和創造仍然是資本主義的核心精神，也充分發揮個人的才能和自由。新的企業家必須有更廣大的氣魂，要具有百年才可以有回報的創業精神，不像現在般「炒樓」和「炒股」，只圖短期的個人利益。幾年前有一套日本電影《哪啊哪啊～神去村》（港譯《戀上春樹》）講述日本的植樹業，電影要表達的就是種植樹木需要百年以上才有收益；換言之，現在的工作只是為了下一代的利益，未來的企業也要有這樣的精神。另外，就是要開拓新的資源和市場，例如海底、地下、航天等等，只有擴大經濟的規模，才能養活將來的龐大人口。

關鍵字再思考　消費時代 / 私有制 / 勞動產權論 / 市場經濟 / 利他精神 / 企業社會責任
相關篇章　　　學校　　工作　　正義　　家庭

一直以來，藝術家都強調藝術和金錢是對立的，為金錢而畫的不會是好的作品；但普普藝術卻歌頌商業文明，將藝術和商業結合起來，普普藝術家安迪・華荷（Andy Warhol）甚至宣稱十分喜歡金錢，還説做生意就是最好的藝術。他不僅以商品為創作主題，更模仿商品大量生產的方式，稱自己的工作室為「工廠」，這幅畫《美金符號》（*The Dollar Sign*）更索性畫上金錢符號，可見他的率直。

《美金符號》(1982)

作者：安迪・華荷
原作物料：油彩
原作物料：絲網印刷
尺寸：220 × 178 cm
現存：Leo Castelli Gallery

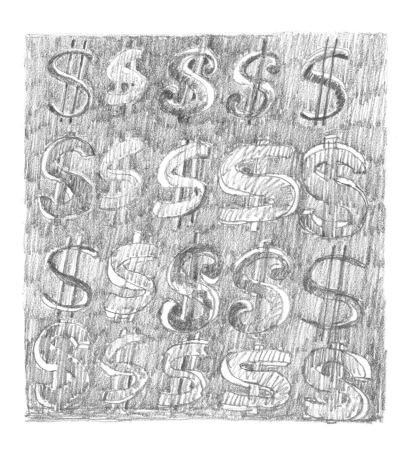

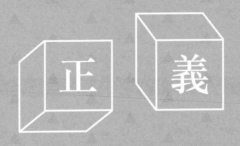

正義

正義涉及個人、社會、全球，
甚至宇宙。

小時候最喜歡看的就是超人電視劇，因為超人會主持正義，維護世界和平。當時我也很想學功夫，以為懂功夫就可以對付壞人，於是請求爸爸讓我學功夫，但爸爸拒絕了，反而讓姊姊去學，他的理由是女仔學功夫可以防狼，但男仔學功夫就會打架。

甚麼是正義？正義就只是懲罰壞人嗎？在學武一事上，爸爸對我和姊姊有不同的對待，又是否對我不公平呢？

在柏拉圖的對話錄中，蘇格拉底跟人討論甚麼是正義，但最終沒有答案。柏拉圖則認為，個人的正義就是靈魂處於和諧的狀態，而社會的正義則是每個階層都能發揮它的功能，社會和諧一致。對亞里士多德來說，正義的行為就是不取自己不應得的東西；但甚麼是「不應得到的東西」往往由社會來界定，而亞里士多德當時的奴隸制也就是合乎正義。似乎柏拉圖和亞里士多德講的正義，跟今日我們所了解的很不同，從現代人的角度看，柏拉圖的理想國反而是一個不公正的社會，因為這種階級分明的社會既沒有自由，也沒有平等，而奴隸制更是違反人權。自從法國大革命之後，自由和平等成為了人類追求的目標，亦形成了現代人的正義觀念。

現代社會講的正義有兩種，一種是報應的正義，另一種是分配的正義。前者涉及刑法或懲罰，後者則有關利益的分配；而所謂超人主持正義，指的就是前者，至於爸爸對我和姊姊的不同對待則屬於後者。

正義即公平

有時雙方立場不同，對正義會有不同的看法，例如發動恐怖襲擊的極端伊斯蘭教組織說是聖戰，是正義的；但美國當然認為反恐戰才是正義的。然而，在我們的常識中，正義也有確定的意思，就是公平地對待他人，比如說男女同工不同酬就是不公平。不過，公平對待不一定是相同的對待，例如在家庭裏，父母會多花時間照顧比較弱小的孩子，因為比較強的孩子懂得照顧自己，不同的對待才是公平。由此可見，不同的對待是由於兩者有差異，但差異能否證立不同的對待則往往有爭議。

常 識 中 的 公 平 原 則

公平原則	相同的對待
	不同的對待，若兩者的差異可以證立這種對待

舉個例，在香港的中學派位中，政府會在所謂 Band one 學校預留一些學位給男生，為甚麼政府要這樣做呢？因為小六女生的腦部發展比男生成熟，所以一般來說，女生的成績都比男生好，若只根據成績派位的話，女生入讀 Band one 學校的機會一定比男生大，政府這樣做是為了保持男女生的平衡，也是保障男性的利益。可是，女生卻會質疑這是不公平，甚至批評為性別歧視，因為成績比她差的男生反而能入讀 Band one 學校。雖然政府能證明男女生在腦部發展有明顯的差異，但這個差異能否合理化優待男生嗎？

又例如，在美國，由於過往對黑人的不公平對待，使他們一般處於較低的社會經濟（又稱社經）位置，大部分黑人只能擔當低層的職位如清潔工人；所以有人認為，單單停止歧視是不夠的，要補救過往的錯誤，彌補這些傷害，應該給予這些弱勢社羣優待性的補償，以提升他們的社經地位，這稱為積極歧視。比如說，大學預留一定比例的學位給這些弱勢社羣，或者政府招聘時要取錄一定比例的弱勢社羣。但這些優待性補償往往會招來不公平的指責，以前歧視黑人，現在則歧視白人。亦有人認為追求後果平等是不當的要求，人應該憑自己的努力去爭取社會利益，我們頂多在起步點上幫他們一把，機會平等才是合理的做法。

這個合乎常識的公平原則其實有點空洞，因為沒有說明清楚甚麼應該相同對待，甚麼才應該不同對待？有沒有一個較為具體，但又不失普遍性的正義原則呢？

洛爾斯的正義論

洛爾斯（John Rawls）是美國哲學家，任教於哈佛大學，1971 年出版了《正義論》（*A Theory of Justice*）一書，這是一本劃時代的著作，原因之一是它引起了社會的極大迴響，不單是哲學圈，連經濟、法理和政治等專業領域都有人討論他的主張。六十年代的美國社會出現了很多社會運動，如民權運動、嬉皮士運動、新左

派運動、反越戰運動等，質疑現存的自由民主制度。某個意義下，《正義論》像是回應這些挑戰，為現存的制度辯護。

在日常生活中，早已存在很多公正的分配原則，例如平等分配、按需要分配、按貢獻分配、按能力分配、按努力分配等等。當然，不同領域應該用不同的原則才恰當，例如醫療福利，應該按需要分配；工作收入應該按貢獻和能力分配。但洛爾斯所探討的正義原則是在一個更高的抽象層次上，它的對象是社會的基本結構，即憲法、法律、政治和經濟制度等如何組成。

甚麼的正義原則才合乎道德呢？洛爾斯採用契約論的立場，設計出一個原初境況，立約者被一個無知之幕所遮蔽，不知道自己的具體情況，包括性別、種族、能力、喜好、社會階級及宗教信仰等，只知道有其理性的人生計劃及一般有關經濟和心理的知識。在這種狀態下，經過各方同意選擇出來的正義原則就合乎道德的要求，因為它是理性的人在自由和平等境況下的商議結果，符合純粹程序的公正，所謂純粹程序的公正是指經程序產生的任何結果都是公正的，例如投票和抽籤。

由於不知道自己的具體身分和能力，在這種不確定的情況下，立約者在選擇正義原則的時候，就會採取保守的態度，認同社會上最不利的階層，因而會採用最高程度最低額的規則來選擇分配基本有用物品（自由、權利、機會、收入、財富、地位及自尊）的原則，基本有用物品對任何人生計劃都是必須的，而所謂最低額的規則就是指在各種最差情況的可能性中，選擇最好的那一個，例如在 A、B、C 三個選擇中，它們最差的可能情況是 -3、-2、-5，

那麼我們應該選擇的就是 B，即使 B 最好的可能情況比不上 A
或 C。

洛爾斯認為立約者最終會選擇正義的兩個原則，第一個原則是每
一個人都擁有相同最大的自由權利；第二個原則是經濟和社會利
益的不平等分配要符合兩個條件，第一個條件是要對社會上處境
最差的人有利，第二個條件是所附隨着的職位和工作是對所有人
開放。換言之，第二個原則有兩部分，前者可稱為「差異原則」，
後者可稱為「機會均等原則」，至於第一個原則可稱為「平等自由
原則」。第一個原則比第二個原則有優先性，而第二個原則的第
二部分亦比第一部分有優先性。洛爾斯主張的正義原則符合上一
節講的常識公平原則。

正義的兩個原則

正 義 原 則	1. 所有人都擁有相同最 大的自由權利 （相同的對待）	平等自由原則	有優先性，因為沒有思 想自由，就不能建立自 己的人生目標
	2. 社會及經濟利益的不 平等分配 （不同的對待）	差異原則 （對社會上處境最差 的人有利）	社會上處境最差的人大 多是天賦才能較低的 人，差異原則能減低自 然因素對分配的影響
		機會均等原則 （職位和工作對所有 人開放）	有助減少後天因素對分 配的影響，例如防止財 產過度累積、保障教育 機會平等、學校制度不 能有階級的限制等

在現代民主自由的社會,人有着不同的宗教信仰、人生目標,及美好生活的觀念,價值是多元的。在這種情況下,要讓所有人和平共處,公平競爭,各自追求自己的理想,我們需要的是有一致性和普遍性(相對於民主自由的社會),並且大家都接受的正義原則,難怪洛爾斯說正義是社會的首要德性,它比安全、效率和繁榮更加重要。換言之,大家可以有各自不同的美好生活的觀念,但必須都有相同的正義觀念,這樣社會才有良好的秩序,正義感對維持社會的穩定十分重要。這就是「正當」的優先性,正義原則是各人追求美好生活的合理限制。

原初境況到現實社會

正義原則是用來組成社會的基本結構,共有四個階段,而無知之幕會逐步被揭開。

		哲學層次	被無知之幕覆蓋
第一階段	正義原則的建立 ▽		
第二階段	憲法的制定 (立憲民主制)	平等自由原則的應用	立約者知道自己身處社會的自然資源、文化水平和經濟狀況
	▽		
第三階段	立法 (福利經濟政策)	國會的工作,機會均等原則及差異原則的應用	立約者知道社會的具體狀況如社會階層及階層之間的利益衝突
	▽		
第四階段	具體政策的制定		立約者知道自己真正的身分及特殊利益

平等與自由

有人認為，「自由」和「平等」這兩個概念本質上有衝突，自由多一些，平等就會少一些；平等多一些，自由也會少一些。而洛爾斯的正義論正是想在自由和平等兩者之間取得平衡，但他的理論同時遭受左右兩派的攻擊，左派是馬克思主義，右派則是極端的自由主義；前者平等先行，後者自由至上。

從左派的角度看，洛爾斯不過是將階級不平等合理化。法國大革命之所以出現，其中一個原因就是階級極之不平等，貴族和僧侶等統治階層擁有大部分土地，但稅收主要是由低下階層的農民來負擔。後來西方工業化雖然帶來了經濟增長，但也擴大了貧富差距，引起了反資本主義的思潮，最有代表性的就是馬克思主義。馬克思認為，在人類歷史發展的不同階段，統治階層都是壓迫着被統治階層，而歷史也就是階級鬥爭的歷史。在資本主義的社會，主要有兩個階級，資產階級和無產階級。由於資本家壟斷了生產資料，工人處於弱勢，被嚴重剝削，生活悲慘，工人的自由不過是在剝削和餓死之間作出選擇，所以最後工人會團結起來，形成「階級意識」，推翻資本主義制度。不過，馬克思的預言並沒有成真，因為階級沒有兩極化，反而有大量中間階層的出現，而工人的待遇亦得以改善。人類要活得更好，就必須互相合作，組成社會。社會需要分工，而根據不同的工作性質，所得的報酬、地位和權力也不同。而擁有差不多財富、權力和地位的人就會形成某個階層，他們會聯合在一起，因為大家有着共同的利益。低下階層擁有的財富、權力和地位當然不及高上階層，這種不平等是否不正義呢？

從社會功能的角度看,有些職位比較重要,例如醫生,要成功當醫生,除了天資之外,也需要長時間訓練,如果沒有高報酬的話,就很難吸引有能力的人做醫生。報酬的不平等不但有激勵作用,亦有助於選拔合適的人來擔任相關工作,如果勤力工作與不勤力工作所得的報酬一樣,我們反而會認為這才是不平等。也就是說,有能力和有貢獻的人,應該得到多一些社會和經濟利益。

雖然說在現代的民主自由社會,大家都擁有平等的政治權利和機會,即使出身低微,也可以憑着天賦才能和努力,晉身上層階級;但問題是,上層階級會運用權力及財富的影響力,維持甚至增加自身的利益,例如以前香港規定只有英聯邦國家的醫學文憑才可以行醫。這樣貧富的差距只會不斷增加,而上層階級亦會利用他們的優勢,使這種「不平等」延續到下一代,阻礙了社會階層的流動,令不平等的問題不斷加深,造成惡性循環。

諾錫克(Robert Nozick)是洛爾斯在哈佛的同事,他站在極端自由主義的立場批評洛爾斯的正義論。諾錫克認為,洛爾斯的差異原則容許財富再分配不但會干預市場,還會侵犯我們的自由權利。但究竟有甚麼自由屬於我們的基本權利,洛爾斯和諾錫克有不同的看法,諾錫克認為私有產權是我們的自然權利,而且是絕對的;但在洛爾斯所講的平等自由原則中的財產權是有限制的,不包括繼承權、擁有生產資料和自然資源的權利,也不包括分享對生產資料和自然資源的集體控制權。洛爾斯認為,這些私有產權並不是我們的基本權利,它們是否確立是在立法階段,要受差異原則所限制。

另外，諾錫克指出，很多人討論分配正義的問題時，已經假定了政府需要負責分配社會資源的工作，但這個假定是錯誤的，應該從生產的角度來看「分配」的問題。而事實上，生產出來的東西都已經被人所擁有，問題是怎樣才算是公正地擁有。諾錫克認為，只有三個分配的正義原則，那就是佔取的正義原則、轉讓的正義原則及對不正義佔有的矯正原則。

諾錫克的正義原則

三個公正的問題	分配的正義原則	例子
人如何有權利擁有一些本來是不屬於任何人的東西？	佔取的正義原則	一塊不屬於任何人的土地，通過勞力開墾佔有它
人如何有權利擁有一些屬於他人的東西？	轉讓的正義原則	一間房子，通過他人自願轉讓而得到
當人得到一些他沒有權利擁有的東西，該如何補救這種不公正的現象？	對不正義佔有的矯正原則	侵佔了他人的土地，要作出報償

諾錫克的主要問題是容許經濟不平等無限擴大，所謂富可敵國，經濟力量足以影響政治決定。如果為保障我們的基本權利，對政府的權力作出限制是合理的話，那麼，對個人財富或私有產權作出限制也並非不合理。

全球正義

近年國際的紛爭越演越烈，恐怖襲擊不但越來越多，更有以恐怖主義立國的伊斯蘭國，而北韓也到了近乎無法無天的地步，如何才能達致世界和平呢？要建立世界的和平，就需要有全球的正義原則。除了戰爭，環境污染、資源分配和援助貧窮國家等問題也涉及全球的正義。

洛爾斯在 1999 年出版了《萬民法》（*The Law of Peoples*）一書，指出世界和平有賴國際社會共同接受一組正義原則。但他不主張將《正義論》的正義兩個原則應用於國際社會，它只適用於民主自由的社會，因為一個國家的經濟狀況，主要跟其文化、政治和經濟制度有關，當地政府也要為其決策負上責任，將差異原則應用於全球是不妥當的，國際社會之間需要另一組正義原則，因為世界上還有非民主自由的社會，所謂萬民法就是指世界萬民都會接受的原則。

洛爾斯認為萬民從商議國際性正義原則的原初境況中，會選擇出八個正義原則。洛爾斯所講的八個國際性正義原則，大部分跟維持世界和平及正當使用武力有關，只有第八個原則是用來處理貧窮問題。根據第八個原則，自由民主及良序的社會應該援助低度發展的國家，但援助的重點在於改善其制度，使之成為良序的社會，而不是針對營養不良或因貧窮而引致的疾病作出援助，除非是出現飢荒或嚴重違反人權的事件，國際社會才應出手幫助。

洛爾斯的國際性正義原則

第一，世界萬民應尊重各自獨立和自由

第二，萬民應遵守條約和承諾

第三，萬民平等，在有約束力的條約前平等

第四，萬民有互不干預的義務

第五，萬民有自衛的權利，但除自衛之外，不能以其他理由發動戰爭

第六，萬民應維護基本的人權（如生命權、免於屠殺和勞役、良心自由等）

第七，萬民在戰爭時應遵守特定的規範

第八，萬民應扶助低度發展和負擔沉重的社會

洛爾斯指出，這八個國際性的正義原則由自由主義發展出來，並且對於自由主義所講的「容忍」作出了國際意義的詮釋，那就是民主自由社會的人民或政府，不應將其民主自由的價值觀強加於那些運作有序，並未對外侵略，也沒有侵犯基本人權的非民主社會。洛爾斯的主張跟一般自由主義者不同，因為一般自由主義者會將民主和自由看成是普世價值，並企圖以和平甚至軍事力量改變非民主自由的國家，進行政體改造，例如目前美國在伊拉克和阿富汗所推行的民主改造。洛爾斯認為只有基本人權才具有超越文化和地域的普遍意義，但他所講的基本人權並不包括政治權利及言論自由。

我認為洛爾斯的萬民法是一個很好的嘗試，就是定出國際倫理的底線，反侵略和反對嚴重違反基本人權，為正義戰爭提出道德的理據。若放寬正義戰爭的門檻，動輒以違反人權作出軍事干預未必是好事，因為很可能引發更多戰爭，危害世界和平。例如美國頻頻對中東事務所作的軍事干預，反而刺激了伊斯蘭原教旨主義的壯大。

至於資源和污染問題，當資源是公有的話，要求人類自律似乎是不切實際的，尤其是那些既得利益者，唯一的方法就是實施管制。正如為了解決香港的垃圾問題，政府即將推行垃圾徵費，根據污者自付的原則，誰製造更多垃圾，誰就應付更多的費用。同樣道理，大氣層也是人類的共有資源，誰排放得最多二氧化碳，就應負最大的責任，以平均人口來說，美國人排放得最多二氧化碳，理應付上最大的責任，但美國卻不肯簽署限制廢氣排放的《京都協議書》。早前日本因地震引發海嘯而出現核幅射，有幅射的水已流入海洋，污染了其他國家的海產，可能會產生索償的問題。地球越來越一體化，環境污染也是一樣，沒有一個國家能獨善其身。

「污者自付」是一個歷史性原則，過往你污染了環境，現在就有責任作出清理。這個原則具追溯性，那些已發展國家就得負上更大的責任。不過，有人認為追溯過往的責任是不公平的，因為當時根本沒有人知道廢氣排放會導致全球暖化的問題，所以應該從現在計起才算公平。美國拒絕簽署《京都協議書》的另一個原因是這協議對發展中國家並沒有約束力，既然有些國家不用遵守，那就是不平等。但是，不同的對待未必就是不公平，因為對於發展中國家來說，限制廢氣排放會影響她們的經濟發展，所以應該待她們成為發展國家後才加以約束。

既然天然資源是共有的話，有人認為應該採用一個更公平的方法分享資源，例如將差異原則應用到全球層次，只有改善貧窮國家人民的生活，才容許從開發自然資源中得益。

康德晚年寫了《論永久和平》(*Perpetual Peace: A Philosophical Sketch*) 一書，提出了世界公民的概念及國際聯邦的構想，而聯合國的出現亦是源於此書的理念，國際聯邦是一和平聯盟，有點像現在的歐盟，國家都願意交出部分的主權。康德顛覆了一般對公共領域和私人領域的區分，一般認為，國家事務應該屬於「公共領域」，但康德卻認為這是「私人領域」，應該從對國家的考慮中抽離，以個人的理性來思考，這才是「公共的」，康德稱這樣的人為「世界公民」。

目前我們已經有了聯合國及其他國際性的組織，最好就是推廣現在的模式，但聯合國必須作出相應的改革，例如要取消常任理事國的否決權，代以一國一票，這樣才公平。最後就是建立世界共和國，要有一套全球性的倫理作為國際法的基礎，其中最重要的就是人權的落實。建立世界共和國並不是要消滅個別國家，但國家主權就必須受到國際法的限制，而在建立世界共和國的過程中，人權和主權必然會發生衝突。

關鍵詞再思考　公平原則 / 優待性補償 / 平等自由原則 / 差異原則 / 均等機會原則 /
國際性正義原則 / 世界共和國
相關篇章　　　學校　工作　金錢　憤怒

香港舊立法局的前身是高等法院，三角楣上有一正義女神像，女神一手持劍，一手持天秤，表示她的判決是公正的，罪與罰成正比；而且她是蒙着眼的，表示不會偏袒任何人。這個造型由來已久，這幅是拉斐爾所畫的《正義女神》，雖然女神沒有蒙着眼，但是合上眼，所表達的意義也是一樣。

《正義女神》

作者：拉斐爾
原作物料：濕壁畫
現存：梵蒂岡簽署廳

後語

青年人在成長的過程中，會遭遇不少困難和考驗，例如家庭不和、家境不好、讀書壓力、愛情迷茫、前途不明、工作不如意等等。但所有這些，其實都是鍛鍊我們靈魂的材料，正如鑽石經過打磨，才能閃閃生輝。

希望此書能給成長中的青年人一點精神上的慰藉。

2018 年 5 月 20 日梁光耀書於南丫島